智能时代的教师专业发展

杨宗凯　主编

# 同侪研修模式及实践

刘清堂　卢国庆　曾祥翊　编著

科　学　出　版　社

北　京

# 内 容 简 介

为了推广示范直播课堂支持下的同侪研修模式应用的相关成果，本书从理论、模式、案例实践等方面进行了详细介绍。本书共分为理论篇、典型案例篇、精简案例篇三部分。所选案例均为全国各地遴选的真实案例，具有真实性、多样性，力求翔实、全面地记录研修过程，希望通过案例的介绍，为区域内"一校带多点、一校带多校""中心校带教学点"等常态化教研提供一定的借鉴和参考。

本书的适用对象为师范类专业师生、中小学教师、教研员、教师研修管理者和组织者。

**图书在版编目（CIP）数据**

同侪研修模式及实践/刘清堂，卢国庆，曾祥翊编著. —北京：科学出版社，2022.11

（智能时代的教师专业发展/杨宗凯主编）

ISBN 978-7-03-071221-9

Ⅰ. ①同… Ⅱ. ①刘… ②卢… ③曾… Ⅲ. ①师资培训-研究 Ⅳ. ①G451.2

中国版本图书馆 CIP 数据核字（2021）第 268886 号

责任编辑：乔宇尚　乔艳茹/ 责任校对：贾伟娟
责任印制：张　伟/ 封面设计：蓝正设计

**科 学 出 版 社** 出版

北京东黄城根北街 16 号
邮政编码：100717
http://www.sciencep.com

**北京虎彩文化传播有限公司** 印刷

科学出版社发行　各地新华书店经销

\*

2022 年 11 月第 一 版　开本：720×1000　1/16
2023 年 3 月第二次印刷　印张：15 1/4
字数：296 000

**定价：79.00 元**

（如有印装质量问题，我社负责调换）

# 丛书编委会

教育部—中国移动科研基金 2017 年度项目
"信息技术支持下的区域教研模式研究及试点"
（项目编号：MCM20170502）

国家自然科学基金项目"人工智能助力乡村教师
新型研修模式构建及应用策略研究"
（项目编号：72164004）

贵州省 2021 年度哲学社会科学规划课题
"贵州乡村教师队伍建设研究"
（项目编号：21GZYB54）

华中师范大学国家教师发展协同创新实验
基地建设研究项目
"智能教师研修教学团队建设"
（项目编号：CCNUTEIII2021-12）

# 丛 书 序

　　教师是立教之本、兴教之源。习近平总书记在全国教育大会上发表重要讲话，对建设一支宏大的高素质专业化教师队伍寄予了殷切希望。联合国教科文组织等四大重要组织联合发声，"复兴始于教师"①，教师的素质决定教育的质量。《中国教育现代化2035》明确要建立高素质专业化创新型的教师队伍。智能时代对教师专业发展提出了新需求、新导向和新挑战。教师是教育数字转型和高质量发展的主力军，是新的教学理念的践行者。初秋时节，"智能时代的教师专业发展"系列论著终于顺利结稿，再次印证了"秋天是收获的季节"。作为系列论著的主编，我一直在思考：智能时代需要什么样的教师？如何构建适合中国国情的一流教师教育？

　　人工智能赋能教师发展，实现人机、人技协同，促进学生的个性化发展、创造思维能力的培养等是智能时代的重大课题。华中师范大学作为教师教育国家队之一，近年来一直推进卓越教师的培养，希望培养出具有"四能五教六者"（四能：数字化生存能力、教育教学研究能力、教师专业发展终身学习能力和教育教学创新实践能力；五教：乐教、适教、懂教、会教、善教；六者：学生学习活动组织者、学习过程导学者、教学资源开发者、教学方法创新者、教育教学研究者、教师专业发展终身学习者）特征的未来教育家。然而，我国幅员辽阔，区域教师资源不均衡，信息技术和教师研修的契合点仍有待探索，智能时代教师研修的实效性仍有待提升。特别是部分欠发达地区、薄弱学校及教师需要更多的对接帮扶，期待名师、名校引领，人工智能赋能教师信息化教学能力，进而实现教育公平和均衡发展。

　　"不忘初心，方得始终。"华中师范大学教师教育研究团队十年如一日，专

---

① 中国新闻网. 教科文组织总干事：教育始于教师 复兴始于教师[EB/OL]. （2010-10-06）[2021-08-07]. https://chinanews.com.cn/edu/2010/10-06/2570230.shtml.

注于教师专业发展的理论和实践研究，默默耕耘，硕果累累。尤其是 2017 年以来，研究团队和中央电化教育馆、华南师范大学联合承担教育部—中国移动科研基金项目"信息技术支持下的区域教研模式研究及试点"（MCM20170502），研究关注点也从传统的校本研修、网络研修逐步过渡到"互联网+"、大数据及人工智能等支持下的区域研修，瞄准我国区域研修的痛点和难点，探索信息技术支持下的区域研修模式，着力攻克教师研修绩效评价的"瓶颈"，提炼并推广各区域的宝贵研修经验，集结为"智能时代的教师专业发展"系列论著。系列论著共 6 部，有基于理论层面的教师研修理论、方法和应用，主要汇聚了华中师范大学研究团队十几年来在教师研修领域的研究成果，着重突出信息技术支持下的教师研修及面向过程的信息化研修绩效分析；亦有基于实践层面的信息技术支持下的区域研修模式及实践，全面展现了课例研修、主题研修、微课题研修及同侪研修等四个方面的理论探索以及各区域的优秀研修实践成果；还有基于管理层面的面向区域研修管理的 PASA（purposes-activities-support systems-appraisals，发展目标－研修活动－保障机制－质量评估）模式，介绍了各区域研修管理的宝贵经验和典型应用案例。这套论著给读者呈现了智能时代教师专业发展的理论、方法及信息技术支持下的区域研修特色案例，是国内目前不可多得的研究成果。每本书的作者均来自华中师范大学和中央电化教育馆长期从事教师研修的学者、教师和研究生团队，典型案例则由各地一线研修管理者及中小学骨干教师协助完成。他们以独立的思考、宝贵的经验和热切的情怀，兢兢业业，笔耕不辍，协同打磨，最终形成了这套宝贵的研究成果。这套论著的推出不仅增进学界和业界对教师研修的深层次了解，同时还能为一线中小学教师的研修实践，以及教育技术学领域的学术研究，提供有价值的参考借鉴。

"路漫漫其修远兮，吾将上下而求索。"作为教师专业发展领域的研究者和实践者，我们深知，要找到新一代信息技术和教师专业发展的契合点，最大程度发挥技术对教师专业发展理论和实践研究的促进作用，充分发挥研究者和实践者对一线中小学教师专业能力和信息素养提升的引领作用，任重而道远。因此，我们衷心期盼所有关心并热衷于智能时代教师专业发展的读者朋友都来关注论著的建设，期盼你们提出宝贵的意见和建议。我们由衷地希望这套论著是一个新的起点，让我们携手前行，想教师之所想，及教师之所及，让智能时代的教师专业发展成为我们奋斗的目标和共同的追求。

以此为序，祝贺研究团队取得初步成果，创新还在路上！

杨宗凯

2021 年 10 月于西安

# 前　言

　　区域教育均衡是国家持续关注的问题之一，教师的均衡发展是教育优质均衡发展的关键。《教育部关于加强"三个课堂"应用的指导意见》中明确指出，2022年全面实现"三个课堂"在广大中小学校的常态化按需应用，建立健全利用信息化手段扩大优质教育资源覆盖面的有效机制，根本改变开不齐开不足开不好课的问题，优化教师教学能力和信息素养，有效弥合区域、城乡、校际差距，推动实现教育优质均衡发展。在信息化背景下，从区域层次积极探索的教研模式是推进"互联网+教育"发展的重要任务，是针对基础教育阶段促进教育质量提升的现实需求。

　　"教育信息化1.0"时代，"三通两平台"的基本建成及同步课堂、专递课堂的开展，在实现欠发达地区教育信息化的同时，也为教师的研修提供了便利条件。当前教师研修的形式多样，网络集群化研修成为教师研修的新形态。一方面，教师研修离不开信息技术工具的支撑，信息技术工具有效拓展了教师研修的时间和空间；另一方面，教师的发展不是孤立的个体的发展，教师研修的成功实施离不开教师之间的同侪互助。然而，目前区域内及城乡教育资源发展仍然不平衡，农村地区教师信息化教学能力水平还有待提升，部分地区由于相距较远致区域研修难以组织。针对部分地区地理位置的特殊性、培训手段单一、教师专业水平薄弱、信息化应用能力不足等问题，教育部—中国移动科研基金2017年度项目"信息技术支持下的区域教研模式研究及试点"研究团队探索了直播课堂支持下的同侪研修模式，其定位是促进农村教学点的教师专业成长，以及集团校内新手教师与专家型教师间协作教研。该模式试图在区域范围内依托已有的研修平台、直播课堂环境与设备等，构建区域层面的教师线上线下相结合的教师研修共同体，借助共同体中教师的群体智慧，通过互学、互助、互评、互思等方式，进行教学案例的分享、实践、研讨与反思，以满足教师实践过程中自发性、群体性的发展诉求，从区域层次促进教师专业发展。项目研究团队依托教育部—中国移动科研基金项目，在全国 25 省（自治区、直辖市）35 县（市、区）开展了该模式的应用示范，参与学科众多、辐射广泛，为区域教师成长带来了很大的帮助，取得了较好的实践效果。为了推广示范应用的相关成果，本书从理论、模式、案例实践等方面对项目的实施情况进行了详细整理。

本书分为理论篇、典型案例篇、精简案例篇共三篇。在理论篇中，第一章主要对同侪研修的概念、理论及最新研究进展进行了梳理；第二章主要对直播课堂支持下的同侪研修模式设计进行介绍；第三章主要阐述了直播课堂支持下的同侪研修流程设计及应用。在典型案例篇中，遴选了 8 个典型案例，并对这些案例的背景、研修模式、流程、实施和效果进行了详细论述。在精简案例篇中，遴选了 8 个精简案例，简要介绍了直播课堂支持下的同侪研修的背景、流程及效果。通过案例的介绍，为区域内"一校带多点、一校带多校""中心校带教学点"等常态化教研提供一定的借鉴和参考。

由于水平与精力有限，书中难免存在不足之处，希望广大读者不吝指正。

2020 年 12 月

# 目　录

**丛书序**

**前言**

## 理　论　篇

**第一章　同侪研修概述** ································································ 1

　第一节　同侪研修概念及内涵 ················································· 2

　第二节　同侪研修的理论基础 ················································· 5

　第三节　国内外研究进展 ····················································· 13

**第二章　直播课堂支持下的同侪研修模式设计** ························· 19

　第一节　模式定位 ······························································ 20

　第二节　模式设计理念以及研修目标 ········································ 20

　第三节　研修模式设计 ························································· 22

　第四节　模式拓展 ······························································ 23

**第三章　直播课堂支持下的同侪研修流程设计** ························· 26

　第一节　直播课堂支持下的同侪研修流程 ·································· 27

　第二节　直播课堂支持下的同侪研修活动任务单 ························· 32

## 典型案例篇

**第四章　直播课堂支持的同课异构同侪研修实践探索** ··············· 35

　第一节　研修背景 ······························································ 36

第二节 研修活动设计 …………………………………………………… 36

第三节 研修活动实施 …………………………………………………… 39

第四节 研修反思 ………………………………………………………… 52

第五节 案例思考 ………………………………………………………… 53

第六节 案例使用说明 …………………………………………………… 53

第七节 专家点评 ………………………………………………………… 54

致谢 ……………………………………………………………………… 55

第五章 直播课堂支持的特色互助同侪研修应用研究
　　　——以青岛市市南区为例 ……………………………………… 56

第一节 研修背景 ………………………………………………………… 57

第二节 研修活动设计 …………………………………………………… 57

第三节 研修活动实施 …………………………………………………… 60

第四节 研修反思 ………………………………………………………… 68

第五节 案例思考 ………………………………………………………… 70

第六节 案例使用说明 …………………………………………………… 71

第七节 专家点评 ………………………………………………………… 72

致谢 ……………………………………………………………………… 73

第六章 基于直播的互助启发式校际研修模式设计及应用 ………… 74

第一节 研修背景 ………………………………………………………… 75

第二节 研修活动设计 …………………………………………………… 75

第三节 研修活动实施 …………………………………………………… 79

第四节 研修反思 ………………………………………………………… 87

第五节 案例思考 ………………………………………………………… 88

第六节 案例使用说明 …………………………………………………… 89

第七节 专家点评 ………………………………………………………… 90

致谢 ……………………………………………………………………… 90

第七章 智课系统支持的片区共同体同侪研修实践探索 …………… 92

第一节 研修背景 ………………………………………………………… 93

第二节 研修活动设计 …………………………………………………… 94

第三节 研修活动实施 …………………………………………………… 97

第四节 研修反思 ………………………………………………………… 102

第五节 案例思考 ………………………………………………………… 104

第六节　案例使用说明 ································· 104

第七节　专家点评 ······························· 104

致谢 ····································· 105

**第八章　智慧教育云平台支持的区域同侪研修模式设计及应用** ······· 106

第一节　研修背景 ······························· 107

第二节　研修活动设计 ··························· 107

第三节　研修活动实施 ··························· 109

第四节　研修反思 ······························· 118

第五节　案例思考 ······························· 121

第六节　案例使用说明 ························· 121

第七节　专家点评 ······························· 123

致谢 ····································· 123

**第九章　信息技术支持的小学数学同侪研修模式构建及应用** ······· 124

第一节　研修背景 ······························· 125

第二节　研修活动设计 ··························· 125

第三节　研修活动实施 ··························· 128

第四节　研修反思 ······························· 133

第五节　案例思考 ······························· 136

第六节　案例使用说明 ························· 136

第七节　专家点评 ······························· 138

致谢 ····································· 138

**第十章　"4321网络校本融合"的同侪研修模式实践探索** ········ 139

第一节　研修背景 ······························· 140

第二节　研修活动设计 ··························· 140

第三节　研修活动实施 ··························· 144

第四节　研修反思 ······························· 148

第五节　案例思考 ······························· 151

第六节　案例使用说明 ························· 151

第七节　专家点评 ······························· 152

致谢 ····································· 153

**第十一章　T&E 同侪研修模式设计与应用研究**⋯⋯⋯⋯⋯⋯⋯⋯⋯ 154

　　第一节　研修背景 ⋯⋯⋯⋯⋯⋯⋯⋯⋯⋯⋯⋯⋯⋯⋯⋯⋯⋯⋯⋯⋯⋯ 155

　　第二节　研修活动设计 ⋯⋯⋯⋯⋯⋯⋯⋯⋯⋯⋯⋯⋯⋯⋯⋯⋯⋯⋯⋯ 156

　　第三节　研修活动实施 ⋯⋯⋯⋯⋯⋯⋯⋯⋯⋯⋯⋯⋯⋯⋯⋯⋯⋯⋯⋯ 160

　　第四节　研修反思 ⋯⋯⋯⋯⋯⋯⋯⋯⋯⋯⋯⋯⋯⋯⋯⋯⋯⋯⋯⋯⋯⋯ 168

　　第五节　案例思考 ⋯⋯⋯⋯⋯⋯⋯⋯⋯⋯⋯⋯⋯⋯⋯⋯⋯⋯⋯⋯⋯⋯ 170

　　第六节　案例使用说明 ⋯⋯⋯⋯⋯⋯⋯⋯⋯⋯⋯⋯⋯⋯⋯⋯⋯⋯⋯⋯ 170

　　第七节　专家点评 ⋯⋯⋯⋯⋯⋯⋯⋯⋯⋯⋯⋯⋯⋯⋯⋯⋯⋯⋯⋯⋯⋯ 172

　　致谢 ⋯⋯⋯⋯⋯⋯⋯⋯⋯⋯⋯⋯⋯⋯⋯⋯⋯⋯⋯⋯⋯⋯⋯⋯⋯⋯⋯⋯ 173

### 精简案例篇

**第十二章　直播课堂支持的教师互助的同侪研修实践**⋯⋯⋯⋯⋯⋯⋯⋯ 175

　　第一节　研修背景 ⋯⋯⋯⋯⋯⋯⋯⋯⋯⋯⋯⋯⋯⋯⋯⋯⋯⋯⋯⋯⋯⋯ 176

　　第二节　研修流程 ⋯⋯⋯⋯⋯⋯⋯⋯⋯⋯⋯⋯⋯⋯⋯⋯⋯⋯⋯⋯⋯⋯ 177

　　第三节　研修效果 ⋯⋯⋯⋯⋯⋯⋯⋯⋯⋯⋯⋯⋯⋯⋯⋯⋯⋯⋯⋯⋯⋯ 180

　　致谢 ⋯⋯⋯⋯⋯⋯⋯⋯⋯⋯⋯⋯⋯⋯⋯⋯⋯⋯⋯⋯⋯⋯⋯⋯⋯⋯⋯⋯ 181

**第十三章　直播课堂支持的"讲听研讲"同侪研修活动设计及应用**⋯⋯ 182

　　第一节　研修背景 ⋯⋯⋯⋯⋯⋯⋯⋯⋯⋯⋯⋯⋯⋯⋯⋯⋯⋯⋯⋯⋯⋯ 183

　　第二节　研修流程 ⋯⋯⋯⋯⋯⋯⋯⋯⋯⋯⋯⋯⋯⋯⋯⋯⋯⋯⋯⋯⋯⋯ 183

　　第三节　研修效果 ⋯⋯⋯⋯⋯⋯⋯⋯⋯⋯⋯⋯⋯⋯⋯⋯⋯⋯⋯⋯⋯⋯ 187

　　致谢 ⋯⋯⋯⋯⋯⋯⋯⋯⋯⋯⋯⋯⋯⋯⋯⋯⋯⋯⋯⋯⋯⋯⋯⋯⋯⋯⋯⋯ 187

**第十四章　直播课堂支持的水西镇同侪研修模式的应用实践**⋯⋯⋯⋯⋯ 189

　　第一节　研修背景 ⋯⋯⋯⋯⋯⋯⋯⋯⋯⋯⋯⋯⋯⋯⋯⋯⋯⋯⋯⋯⋯⋯ 190

　　第二节　研修流程 ⋯⋯⋯⋯⋯⋯⋯⋯⋯⋯⋯⋯⋯⋯⋯⋯⋯⋯⋯⋯⋯⋯ 190

　　第三节　研修效果 ⋯⋯⋯⋯⋯⋯⋯⋯⋯⋯⋯⋯⋯⋯⋯⋯⋯⋯⋯⋯⋯⋯ 194

　　致谢 ⋯⋯⋯⋯⋯⋯⋯⋯⋯⋯⋯⋯⋯⋯⋯⋯⋯⋯⋯⋯⋯⋯⋯⋯⋯⋯⋯⋯ 195

**第十五章　直播课堂支持的边疆少数民族区域同侪研修活动实践**⋯⋯⋯ 196

　　第一节　研修背景 ⋯⋯⋯⋯⋯⋯⋯⋯⋯⋯⋯⋯⋯⋯⋯⋯⋯⋯⋯⋯⋯⋯ 197

　　第二节　研修流程 ⋯⋯⋯⋯⋯⋯⋯⋯⋯⋯⋯⋯⋯⋯⋯⋯⋯⋯⋯⋯⋯⋯ 197

　　第三节　研修效果 ⋯⋯⋯⋯⋯⋯⋯⋯⋯⋯⋯⋯⋯⋯⋯⋯⋯⋯⋯⋯⋯⋯ 202

**第十六章　全景学习平台支持的教育教学质量提升活动实践**······················203

　　第一节　研修背景·····················204

　　第二节　研修流程·····················204

　　第三节　研修效果·····················207

**第十七章　直录播平台支持的跨学校同侪研修实践**······················208

　　第一节　研修背景·····················209

　　第二节　研修流程·····················209

　　第三节　研修效果·····················213

　　致谢·····················213

**第十八章　直录播平台支持的跨学科同侪研修实践**······················214

　　第一节　研修背景·····················215

　　第二节　研修流程·····················215

　　第三节　研修效果·····················218

　　致谢·····················219

**第十九章　信息技术支持的同侪研修活动设计及应用**

**　　　　　　——以"探究初中物理实验教学设计及应用"同侪研修为例**······220

　　第一节　研修背景·····················221

　　第二节　研修流程·····················221

　　第三节　研修效果·····················225

　　致谢·····················226

**理论篇**

第一章

**同侪研修概述**

# 第一节　同侪研修概念及内涵

同侪研修，又称同侪互助研修，是一种传统的教师专业发展模式。这种教师专业发展模式基于教师研学共同体，在教学实践中通过教师之间的合作、交流，以促进共同体成员专业素养提高、改进教师教学实践能力。一般而言，同侪研修包括两组教师，一组为观察组教师，一组为被观察组教师。这两组教师相互观察对方的课堂，并对课堂观察情况进行记录。然后，依据课堂观察的结果，以小组为单位进行研讨，帮助任课教师进行教学反思。因此，同侪研修主要通过观察教师的意见和改进建议，在同侪互相帮助、互相研讨、共同思考的基础上，发现课堂教学实践中存在的问题，共同找出解决教育教学实践问题的方法，最终促进教师专业发展[①]。

## 一、教师同侪研修的内涵

"同侪"有两层含义，第一指同伴、伙伴；第二有同等的含义。同侪研修，也称同侪互助研修、同伴互助研修，最早是由 Joyce 和 Showers 于 20 世纪 80 年代提出的[②]。研究者认为，同侪研修是指工作在一起的教师，相互之间形成伙伴关系，通过共同学习、讨论与示范教学，特别是用课堂观摩与反馈等方式，彼此学习新的教学模式或反思修正已有的教学技能与策略。

从字面意思上，同侪研修只是强调了研修的形式和方式，通过教师共同体、借助于集体智慧促进自身专业能力的提升。从支持性策略上，同侪研修行为是一个多维的结构。根据支持策略的不同，熊久明、刘清堂等[③]通过相关文献梳理，将同侪互助行为划分为学术性支持、技术性支持、情感性支持和反思性支持四个维度。同侪研修本身没有情境之分，可以指校本研修，也可以指通过在线观摩和研讨的网络研修。由于我们聚焦在区域层面，遂将同侪研修界定为同一行政区域内[地级市、县（市、区）、镇等]，不同学校的教师建立研修共同体，以同侪互助的方式促进共同体成员的专业发展。

---

① 杨卉. 教师在线实践社区研修活动设计——以同侪互助网络研修活动为例[J]. 中国电化教育，2011（9）：43-48.

② Abruscato J. Teaching Children Science: Discovery Methods for the Elementary and Middle Grades [M]. Boston: Allyn & Bacon Publisher, 2003.

③ 熊久明，刘清堂，张思，等. 教师混合式培训中的同侪互助行为调查研究[J]. 现代远距离教育，2015（6）：51-58.

## 二、教师同侪研修的特征

有效的教师同侪研修实践性较强，同伴之间需要建立平等、互信、互助的同侪关系，并通过批判性反思内化实践性知识。因此，我们认为，教师同侪研修具有实践性、互助性、反思性三个关键特征。

（1）实践性。实践性是教师同侪研修的首要特征，体现在研修主题、研修过程、研修习得等方面。同侪研修的主题是以真实的实践问题为导向，研修主题来源于实践，服务于实践。同样，研修过程离不开具体的教学实践。研修的目的是促进教师实践性知识的获得。实践性知识是依存于实践情境的经验性知识，它是以实践性问题的解决为中心的综合多学科的隐性、鲜活的知识，是衡量教师专业化程度的重要概念[①]。

（2）互助性。平等、信任和互助是同侪研修的关键特征。只有在平等、信任和互助的基础上，共同体成员才能共同提高。彰显互助性特征需要将教师与领导二者有效统合，弱化管理职能，强化专业发展职能，有效避免"行政取向""一言堂""走过场"等现象。同时，在研修过程中，注重教师的协作性，通过课堂观摩、教学实践、研讨反思等环节，教师能够彼此学习新的教学理念、教学技巧和策略，从而审视、修正自身的不足和劣势。

（3）反思性。"三省吾身"方能促成长。反思是深度学习的重要环节，是教师同侪研修的本质特征。批判性反思是教师实践性知识习得的重要环节。同侪研修本质上是一种集体反思行为。通过集体批判性反思，教师在具体的教育教学实践中，获得鲜活的实践性知识，从而提高自己的专业程度。

## 三、教师同侪研修的设计原则

针对在具体的实施过程中存在教师研修目标定位不明确，线下教师共同体形成困难，培训手段单一等问题，我们结合教师同侪研修活动实践，从确定研修主题、研修活动的人员搭配、研修工具的支撑等方面提出如下三个原则。

### 1. 在研修主题选择上，聚焦真实的实践问题，明确教师研修目标定位

教师同侪研修活动需要以解决教育教学实践中的问题为研修内容。只有聚焦实践问题，明确同侪研修的目标定位，才能找准共性问题，发挥集体智慧的作用。

有价值的研修主题必须贴近教师实际的教学实践，教师同侪研修活动必须保

---

① 钟启泉. 教师"专业化"：理念、制度、课题[J]. 教育研究，2001（12）：12-16.

证研修主题符合一线教师的教育教学实践需求[①]。从一线教师需求方面看,研修主题可以是具有共性的学科教学问题,也可以是同步课堂中遇到的问题。例如,聚焦于同步课堂的教学问题,成为区域教师开展研修活动的主要着力点。从研修活动发起组织方看,管理者与组织者应当深度调研区域内教师在教育教学实践过程中的具体实践性问题,找准共性问题,发挥集体智慧,努力提供"有价值的"研修内容与资源。

### 2. 在人员搭配上,注重研修成员搭配,引导构建区域同侪教师共同体

本着平等、互信、互助的合作关系,一般由学科专家、研究者及同一学科的一线教师形成的异质组合构成同侪研修共同体。研究者指出,教师共同体的成员主要有学员与助学者两类,成员之间以协作、交流的方式进行同侪互助[②]。

首先,在成员组成上,异校同侪研修教师共同体应当由学科专家、研究者及不同学校同一学科的一线教师形成的异质组合构成。其次,在成员搭配上,根据实践经验,建议各教研点 4—5 人一组;考虑年级、教龄及信息技术水平等差异,教师的数量与教研员的数量之比不能太高。再次,在实践阶段,组织者需为异校教研点分配相应的组长,组长在异校教研点主要起监督与带领的作用,以保证异校同侪研修的顺利开展。最后,在对教师参与研修活动的评价方面,管理者与组织者应当克服已有评价方式单一的问题[③],逐步从单一评价方式向多元评价方式转变,从重视结果的评价向重视过程的评价转变。

### 3. 保障研修工具支撑,创设虚实融合的研修情境,丰富教师研修手段

首先,为了创设虚实融合的同侪研修情境,我们需要将专门的教育服务平台(如直播课堂、教师研修平台)与通用的社交平台(如即时通信工具)相结合,不仅为研修主体提供研修空间,而且提供即时有效的交流空间。其次,应结合异校同侪研修活动的特点,研制相应的研修活动评价量规。例如,参研教师在同步观摩案例时,需要填写的观摩记录表;在反思总结阶段,参研教师提交的研修反思表,以及组织者对整个同侪研修活动评价的量表等。再次,异校同侪研修活动的顺利开展离不开硬件与技术的保障。例如,在进行异校同侪研修时,需要进行教研点的系统和设备调试与维护,保证研修活动进行时画面和音频传输正常且质量较高,不影响研修活动的正常开展。最后,为了构建虚实结合的异校同侪研修实践共同体,组织者应当充分利用研修平台与社交媒体,以校内实践为基础,以区域校际研讨为关键,发展基于实践的教师共同体,形成自发自觉进行异校同侪研修的风气。

---

① 张思,刘清堂,熊久明. 认知学徒制视域下教师工作坊研修模式研究[J]. 中国电化教育,2015(2):84-89.
② 蒋立兵,季春晓. 反思性实践视域下教师工作坊研修过程模型研究[J]. 中国电化教育,2018(11):39-45.
③ 张嫚嫚,魏春梅. 乡村教师培训存在的问题分析及对策思考[J]. 教师教育研究,2016,28(5):74-79.

## 四、直播课堂支持下的同侪研修

当前教师研修的形式多样，在新型工具的支撑下，网络集群化研修成为教师研修的新形态。在前期开展的大规模实证研究中，区域研修主要使用的研修工具为网络研修平台，其次为国家教育资源服务平台，再次为同步教室，网络教研 App 选择比例最低（18.8%）。由此可见，同步教室或直播课堂有望成为区域研修的重要平台之一。

同步直播课堂是通过卫星或网络等手段将优质课堂在需要的班级进行直播[①]，从而实现位于不同空间的课堂的同步教学。同步直播课堂弥补了传统教室的不足，打破了时空局限的壁垒，具有覆盖地域广、传输速度快、总成本低、网络独立性强等技术优势。作为推动优质资源共享的有效手段，同步直播课堂是实现主讲教师、教学点辅助教师实时交流的关键纽带，为解决教育资源不均衡，实现知识共享，促进教师信息化专业发展创造了条件[②]。

本书中，直播课堂支持下的同侪研修是指为促进区域内教育公平和均衡发展，利用直播课堂实现更大规模的优质教师教育资源共享的"一对多"的异校同侪研修模式。主讲教师在本地教研点进行现场授课或点评，通过录播系统将视频信号同步传送到多个异校教研点。异校研修教师通过录播系统与本地研修教师实时合作讨论、学习与实践。

# 第二节　同侪研修的理论基础

## 一、活动理论

（一）活动理论概述

活动理论源于维果茨基（L.S.Vygotsky，1896—1934）的研究，其学生列昂节夫继承并发展而形成了活动理论，又称"后维果茨基理论"或"文化历史活动理

---

① 周玉霞，朱云东，刘洁，等. 同步直播课堂解决教育均衡问题的研究[J]. 电化教育研究，2015（3）：52-57.
② 吴秀圆，王继新. 同步课堂背景下城乡教师专业发展的路径探索——基于实践共同体的视角[J]. 现代教育技术，2018，28（8）：92-97.

论"①。该理论认为，人类的学习是通过一定的中介（mediation）来进行的间接过程。活动是发展变化的，而人的发展是个体与共同体互动的结果，即主体通过文化制品（cultural artifact，如工具、文字等）与客体环境双向交互的过程②。活动理论的发展经历了三代的发展（图 1-1）。

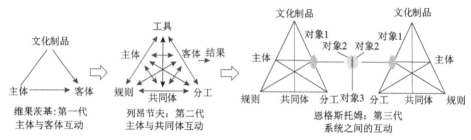

图 1-1　三代活动理论发展

### 1. 第一代活动理论

维果茨基的中介理论是第一代活动理论的核心。这一理论深受巴甫洛夫经典条件反射学说的影响，中介理论认为，人类活动是以各种工具和手段为中介的，即 S-X-R，S 表示"刺激"，即行为主体，R 表示"反应"，即行为客体，X 表示主体与客体之间的"中介"③。第一代活动理论为主体和客体之间建立另一种连接途径。主体不仅直接作用于客体，而且通过文化制品（人工制品），即物质工具或意识表现形式（语言、符号等），操作自身的行为方式，实现人类所特有的基于文化的心理过程。这一过程超越了单纯生物的"刺激"与"反应"的连接，是人类所具有的高阶思维。然而，第一代活动理论只是提出了"文化制品"或"中介"这一活动的重要元素，并没有形成系统的活动理论，分析单元中并未关注到"个体""群体"④。

### 2. 第二代活动理论

继维果茨基之后，他的学生列昂节夫成为活动理论研究的主要领导者。针对第一代活动理论的主要局限，20 世纪 30—70 年代，列昂节夫带领相关研究者在"内部矛盾是活动系统中的改进与发展的驱动力"的指导下，开展了一系列心理学实验，重点关注个体与共同体的关系，阐释了个体行为与群体活动的相关差异，

---

① 毛齐明. 教师有效学习的机制研究——基于"社会文化—活动"理论的视角[M]. 武汉：华中师范大学出版社，2013.

② 毛齐明. 略论"社会文化—活动"理论视野下的学习过程观[J]. 外国教育研究，2011，38（6）：1-6.

③ 孙海民，刘鹏飞. 以活动理论审视学习活动[J]. 中国电化教育，2015(8)：29-35.

④ 吕巾姣，刘美凤，史力范. 活动理论的发展脉络与应用探析[J]. 现代教育技术，2007（1）：8-14.

拓展了活动理论框架。在此期间，他提出了活动的层次结构，即活动的三个水平模式，包括活动、行为和操作。至此，活动理论正式形成。这种"三角模式"的活动理论逐渐成为被普遍关注、广泛引用的心理学理论。然而，在世界范围内，随着活动理论的广泛应用，研究者的研究视角与取向趋于多元化，对活动理论的理解具有很大的差异性。第二代活动理论忽略了活动系统的文化多样性，可能是产生对活动理论理解差异性的主要原因[①]。因此，为了架起沟通的桥梁，活动系统迫切需要建立一套概念体系。

### 3. 第三代活动理论

1987 年，恩格斯托姆在对列昂节夫等人研究总结的基础上，提出了典型活动系统的结构。活动系统包括主体、客体、共同体、工具、规则与分工等六个要素。活动系统中的主体是活动的参与者。客体是相对于主体而言的，活动系统内除了主体以外的一切对象都可以称为客体。共同体由活动系统内所有相关联的参与者构成。工具是指学习者认知协作、互动交流的平台或媒介。其中，主体、客体和共同体三者之间任意两者可以形成一对关系。它们之间的关系中"三角模式"的顶点起到中介作用。主体和客体以工具为中介建立联系，主体和共同体之间通过规则建立联系，共同体和客体之间因为劳动分工而建立一定的联系。

针对第二代活动理论的不足，以恩格斯托姆为代表的研究者，在构建了一套完整的概念体系的基础上，基于前人的研究，提出了第三代活动理论[②]。第三代活动理论克服了之前只研究主体与共同体互动的局限性，提出了不同系统之间的互动，把活动系统视为基本的分析单位。活动内在的操作、行为、活动等具有层级结构，随着时间的进展及个体的加入，系统主体对对象的认识随之扩展。主体对活动对象认识的内化和外显体现了活动发展与心理发展的辩证统一。

### （二）活动理论支持下的教师研修

根据活动理论，教师研修是为了促进教师个人的专业发展，其与研修环境之间进行交互活动。研修活动的顺利开展离不开学习环境的支持。学习环境是学习工具与学习资源的有效整合[③]。研修学习环境包括研修平台、内容资源、网络系统和服务以及真实情境的人或物等；教师研修活动包含研修活动主体、研修客体、研修工具等要素，它们共同构成研修实践情境。教师研修活动包括活动任务、活

---

① Cole M. Cross-cultural Research in the Sociohistorical Tradition[J]. Human Development, 1988, 31(3): 137-151.

② Engestrom Y. Expansive learning at work: toward an activity theoretical reconceptualization[J]. Journal of Education and Work, 2001, 14: 133-156.

③ 杨开城. 以学习活动为中心的教学设计理论：教学设计理论新探索[M]. 北京：电子工业出版社，2005.

动角色、活动工具、学习资源、活动步骤、活动时间、评价方法等基本要素①。活动系统包括主体、客体和共同体三个核心要素，以及工具、规则和分工三个支持要素，活动系统的运行也分为操作、行动和活动三个层面②。

活动理论为教师研修活动提供了清晰的活动要素分析框架③，它对教师同侪研修活动的流程设计、工具的中介作用、教师的主体作用与情境的创设等方面均有重要的启示。

（1）主体。在活动理论模型中，学习活动发生的主体是学习者。活动理论强调，学习者处于学习活动的中心地位，具有很强的自主性。教师研修活动的主体是研修教师，包括一线中小学教师、教研员、骨干教师等。

（2）客体。活动理论模型认为，客体是主体（学习者）为达到相关的学习目标而访问的资源或内容。一般而言，教学资源和内容是学习者作用的客体，处于从属地位。在教师研修活动中，客体是指学习资源、学习内容、研修任务等，例如，具有学科性质的非良构的研修主题。

（3）共同体。在活动理论模型中，共同体是指由学习者个体组成的社会团体或群体。对于教师研修活动而言，教师是学习共同体中的主要成员。共同体的组织形式可以是线上，也可以是线下，还可以是线上、线下相结合的混合形式，这些团体以彼此信任为基础，具有共同的愿景，不是非输即赢的竞争关系，而是互帮互助的同侪关系。

（4）工具。在活动理论模型中，工具是指主体（学习者）为了认识或作用于客体而使用或操作的对象。一般而言，工具指学习平台、系统以及相关工具的集合。对于教师研修活动而言，工具一般包括研修优秀课例、直播课堂系统、研修平台、活动评价量规等④。

（5）规则。在活动理论模型中，规则是指共同体的价值观、道德规范、文化惯例以及人与人之间的社会关系。对于教师研修活动而言，规则是指主体所需要遵守的道德规范、学习要求，组成研修学习共同体的情景化规则及文化惯例等。

（6）分工。活动理论模型认为，分工是共同体和客体之间建立联系的基础。理想状态下的分工需要考虑学习者各自的特长，使学习者承担不同的分工和角色。对于教师研修活动而言，分工是指具体的角色分工，例如，在基于直播课堂的同侪研修活动中，将角色划分为组织者、主讲教师、研修教师等。

---

① 何字娟. 从活动理论看教师网络教育活动的设计[J]. 中国远程教育，2009（11）：57-60.
② 余亮，黄荣怀. 活动理论视角下协作学习活动的基本要素[J]. 远程教育杂志，2014（1）：48-55.
③ 刘清堂，武鹏，张思，等. 教师工作坊中的用户参与行为研究[J]. 中国电化教育，2016（1）：103-108.
④ 刘清堂，张思. 教师混合式培训中主题研修活动设计模型研究[J]. 中国电化教育，2015（1）：111-117.

## 二、分布式认知理论

### （一）分布式认知理论概述

分布式认知（distributed cognition），也称分布式学习、分布式智力、分布式能力，是目前国际上一种正在发展的心理学和认知科学理论。研究表明，认知不仅来自个体大脑内部，还应该拓展到个体以外的不同情境中[①]。该理论认为，认知不仅包括头脑中发生的认知活动，还涉及人与人、人与技术工具交互的活动过程，并将内部、外部过程看作一个认知系统的整体，强调认知活动应该在人的头脑内部、外部介质、他人以及时间和空间上进行分配。分布式认知的主要观点包括认知在个体内分布、认知在介质中分布、认知在文化上分布、认知在社会中分布、认知在时间上分布等[②]。

（1）认知在个体内分布。分布式认知理论认为，个体认知是分布式认知的核心。例如，一些高级的智慧活动大多存在于个体内，并非能够很容易地分布出去。认知在个体头脑中非均匀分布。认知神经科学相关研究表明，认知是个体大脑内部不同模块之间的相互作用，而这些不同模块位于大脑的不同区域，具有不同的功能。

（2）认知在介质中分布。认知可以视作在不同的介质之间传递表征的计算过程。此处的介质可以是外部的（如计算机数据库），也可以是内部的（如记忆、表情等）。认知分布于介质中，具有三层含义。①认知在不同外部介质之间相互传递，这些介质主要指计算机、书本等实体介质；②认知在不同的内部介质之间相互传递，内部介质主要是记忆、表情和动作等；③认知在内部介质和外部介质之间相互传递，这种认知的传递较为广泛，例如，通过书本或者网络视频资源进行学习属于这一类认知传递。

（3）认知在文化上分布。文化指人们所共享的规范、文字、符号或工具等。文化对人类认知的影响具有一定间接性。这种间接性主要体现在以下两个方面。①文化对个体的认知具有一定的约束功能。这种约束功能一般通过文化制品约束着个体的认知行为。例如，在实践共同体中建立起来的共同的价值观、行为规范等。②文化为个体认知提供了一定的认知基础。分布式认知理论，强调文化、社会情境对人类认知的重要性。在将文化、情境、历史等纳入认知学科的研究视野中后，认知就变得非常丰富，同时也十分复杂。其中，文化属性为个体认知提供

---

① Karasavvidis I, Kommers P, Stoyanova N. Preface: distributed cognition and educational practice[J]. Journal of Interactive Learning Research, 2002, 13(1/2): 11-29.

② 陈金华. 智慧学习环境构建[M]. 北京：国防工业出版社，2013.

了重要的基础。

（4）认知在社会中分布。社会这一概念是相对的，具有一定的复杂性。广义上，社会是由人与环境形成的关系的总和。狭义上，社会是指具有共同的目标，为了共同利益，具有共同价值观的个体形成的社会团队。认知分布于不同的社会分工中，分布于不同性质的人群中，比如人们去乘坐飞机，招呼的是乘务员而不是机长。

（5）认知在时间上分布。从纵向上考虑，认知分布于特定主体的过去、现在和未来。分布式认知具有时间分布、空间分布两种基本形态。其中分布式认知的时间分布主要体现在认知具有一定的过程性、历史性、发展性。①过程性，人类的认知不仅是一个结果，更是一个过程。这种认知主要是在分布式环境中，通过时间和空间两种基本形态，表现出螺旋式上升的渐进性过程。②历史性，认知分布于不同的时间上，不同的历史时期具有不同的文化特征，人类的认知活动会形成具有当时历史特征的文化制品。③发展性，个体的过去会对现在的认知活动产生一定的影响，人类认知总体上呈现出向前发展的态势。①

## （二）分布式认知理论下的同侪研修

传统认知观仅仅在个体层次上对认知进行解释，把认知看成局部性的现象。分布式认知理论克服了这种局限性，认为认知具有一定的分布性。该理论以功能系统为新的分析单元，强调认知的分布性，关注交互作用，重视人工制品、具体情境的地位及作用。分布式认知理论对直播课堂支持的同侪研修具有一定的指导意义。

（1）根据分布式认知理论，知识可以分布于社会团体、协作学习小组的成员之间，同样，认知和运算任务可分布于人工制品之中。那么，在直播课堂支持下的同侪研修中，参与研修的教师主要借助教师研修平台、直播课堂、即时通信等工具，突破时空限制，来获得所需要的信息。在此过程中，教师同侪、设备工具等在教师的认知过程中扮演了重要的角色，发挥了积极的作用。

（2）根据分布式认知理论，认知分布在个体内、介质中、文化上、社会中、时间上等。学习者可以在网络学习空间中，通过各类工具与其他个体交互协作、共享信息、构建群体认知和社会认知网络②。教师研修不应该局限于个体内认知，而应该从认知的分布性来研究教师研修的整个协作学习过程。

① 刘俊生，余胜泉. 分布式认知研究述评[J]. 远程教育杂志，2012, 30（1）: 92-97.
② 张家华. 网络学习的认知模型构建——基于复合研究范式的视角[J]. 电化教育研究，2012（6）: 29-32, 40.

## 三、学习共同体理论

### （一）学习共同体理论概述

"共同体"（community）一词并非最早在教育中出现，而是最先出现在社会学领域，最早由德国社会学家滕尼斯提出[1]。在社会学领域，共同体最初是指根据地域性和共同性而集结起来的社会集团[2]。在教育领域，共同体可以追溯到 1995年博耶尔（Ernest L. Boyer）发表的《基础学校：学习共同体》，在这一报告中最早将"共同体"这一概念移植到教育领域，提出了"学习共同体"的概念，强调学校教育最重要的是建立真正意义上的学习共同体，即"学校是学习共同体"[3]。最初，学习共同体的范围仅仅局限在"学校"。

学习共同体一般指为了完成一定的学习任务，由学习者与助学者之间经常沟通、交流、互助，共享资源而形成的学习组织。学习共同体强调成员内部的紧密关系、共同的精神意志，以及具有一定的归属感和认同感。在学习共同体理论视角下，学习不仅是个体获得知识的过程，也是社会协商、共同意义建构的结果。学习共同体成员之间存在相互影响、相互促进的人际联系。目前，"学习共同体"是学术领域和教育界研究中经常提到的词汇，与之类似的术语有"实践共同体""学习社区""学习者共同体""知识建构共同体""学习型组织"等。从这些词语中可以看出，人们对于超越传统课堂组织形式的追求，对社会化学习形态的重视，对知识社会性建构的不断探索。

在教师教育领域，学习共同体的主体是教师，这一概念演化成为"教师共同体"。学界普遍认为，教师共同体是促进教师专业发展的重要途径之一。有关教师共同体，我国学者对其特点、形式及作用进行了大量的探讨。研究者认为，专业学习具有五个维度的要求，包括支持与共享的领导、共同的价值观与愿景、协作学习、支持性条件、共享的个人实践[4]。教师共同体组织形式多样。例如，教师共同体可以通过小组备课、学术沙龙、集体研讨等形式进行交流学习，或者通过社交网络媒体开展在线网络共同体学习[5]。另外，教师共同体具有一定的层次性。

---

① 斐迪南·滕尼斯. 2010. 共同体与社会：纯粹社会学的基本概念[M]. 林荣远，译. 北京：北京大学出版社.
② 孟召坤，兰国帅，徐梅丹，等. 基于 QQ 群的教师学习共同体运行现状研究[J]. 开放教育研究，2015，21（5）：101-111.
③ 冯锐，金婧. 学习共同体的思想形成与发展[J]. 电化教育研究，2007（3）：72-75.
④ Hord S. Professional Learning Communities: Communities of Continuous Inquiry and Improvement[M]. Austin: Southwest Educational Development Laboratory, 1997.
⑤ 王江汉，段长城. 在线外语教师学术共同体的构建与实施模式——基于 iResearch 外语学术科研平台的研究[J]. 外语电化教学，2017（3）：85-91.

例如，黄晓茜等[①]认为，可以从线上学习共同体、教师同伴共同体、校际合作共同体等不同层次，构建乡村教师共同体，以此来提升乡村教师的学习力。线上学习共同体指利用网络平台或资源组成网络虚拟共同体，不同学科、不同年级进行在线群体合作学习。校际合作共同体主要通过校际群体合作，实现不同学校间的资源共享、优势互补。

教师共同体在增长教师专业知识、更新教学理念、提升课堂教学实践等方面发挥着重要作用，已经成为教师跨界学习的主要载体和重要场所[②]。这种跨界学习，可以增加新的外部视角，拓展已有的学习情境，具有更大的开放性、包容性和对话空间[③]。在一定程度上，学习共同体和直播技术都延展了空间。从跨界学习的角度来看，学习共同体这种形式打破了学校、地域的限制，扩展了交流对话的空间；从信息传播的角度来看，直播这种新的技术手段扩展了信息辐射的区域，将传播范围变得更广，将传播距离变得更远。因此，学习共同体理论为直播课堂支持下的同侪研修提供了一定的理论支撑。

## （二）学习共同体理论指导下的同侪研修

学习共同体理论对教师研修组织形式具有重要的指导意义。教师共同体始于具有共同的目标和愿景，通过协同研修、社会建构，加强教师对职业、专业的身份认同，形成良性的可持续发展。外部知识经由个体意义建构、集体意义协商形成相应的个人实践性知识和社会文化。学习共同体视角中教师同侪研修的基本框架见图 1-2。学习共同体理论下的同侪研修具有以下特点。

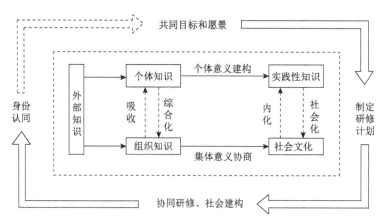

图 1-2 教师共同体中同侪研修的基本框架

---

① 黄晓茜，程良宏. 教师学习力：乡村教师专业发展的重要驱力[J]. 全球教育展望，2020，49（7）：62-71.
② 何霞. 共同体视角下教师跨界学习行动——基于定性比较分析方法[J]. 中国远程教育，2020（8）：69-75.
③ 陈向明. 跨界课例研究中的教师学习[J]. 教育学报，2020，16（2）：47-58.

### 1. 同侪研修教师共同体具有共同的目标和愿景

同侪研修活动中,具有共同目标的多个教师组织形成教师研修共同体,有助于改善农村教学点教师的孤独处境,促进区域内异校教师之间的跨校合作交流与学习,实现优质资源的共享与知识创生。尽管学习共同体中各成员的教学环境、教学经历,以及所遇到的教学困惑等均存在差异,但是,他们持有共同的目标与追求——提升课堂教学效果。因此,参研教师如果具有共同的目标和愿景,他们会在研修中的不同阶段开展讨论和交流,为解决教学实践中存在的问题寻找有效的方法。

### 2. 同侪研修教师共同体强调生成实践性知识

同侪研修教师共同体重视解决真实情境中的问题,强调在具体情境中生成实践性知识。由于教学中内容、对象、情境具有一定差异性,这些差异决定了大多数教学问题具有实践性、独特性和唯一性,因而对教师解决真实问题的应变能力提出了新的要求。同侪研修活动中,参研教师通过线上线下等多渠道的教学实践的经验交流,在社会化知识建构中、在具体实践情境中,获得鲜活的实践性知识。

### 3. 同侪研修教师共同体促进教师身份认同

同侪研修中教师共同体的构建及内部活动的开展是连接共同体及其成员的关键纽带。辅助教师和主讲教师在活动伊始可能会因任务、视角的不同导致角色存在差异,但随着活动的持续进行,参研教师会从边缘参与者逐渐向核心实践者转变。学习共同体并不是为教师提供观察的"眺望台",而是需要研修教师扮演不同的角色,并承担不同的任务共同参与研修活动。每一位教师在真实情境活动中,逐步得到身份认同,进一步促进自身以及学习共同体的持续发展。

# 第三节 国内外研究进展

教师不仅是一个发展中的个体,而且可以在互助研修中共同成长。国内外研究者普遍认为同侪互助是教师专业发展的重要形式。下面从同侪研修的缘起、模式、局限及对策等方面对已有的研究进行简要综述。

## 一、同侪研修的起源及发展

同侪研修是指两个及以上教师通过互助互学的方式，在一起反思教学实践，开展课堂教学研究，解决工作场所中的实践问题的一种活动。早在 1980 年，学者 Joyce 和 Showers 提出了教师培训的同侪互助概念[1]。经过多年的发展，同侪互助在教育中取得长足的发展。研究者对同侪互助的特征、分类及影响因素有了深入的了解。一般认为，信任和反思是同侪互助的关键特征。在同侪互助的分类上，不同的视角产生了不同的分类。从交互对象上来看，同侪互助分为专家—学员互助、同伴互助两种类型；从互助方式上来看，同侪互助分为同步互助、异步互助两种类型；从行为的种类上来看，研究者将混合式培训中的同侪互助行为分为学术性支持、技术性支持、情感性支持、反思性支持等四种行为[2]。刘学敏等[3]研究了教师在线实践社区中同侪互助小组的知识共享行为，并从学术性支持、认知性支持、人际性支持三个方面对知识共享行为的影响因素进行分析，研究表明，这三类支持对知识共享行为均有显著的促进作用。

综上所述，研究者对同侪互助行为的特征、分类及影响因素进行了大量相关研究，这些为直播课堂支持下的同侪研修提供了一定的参考和借鉴。由于同侪互助具有能够促进教师积极反思、提供支持与鼓励、相互学习等优势，大量研究者对同侪研修模式进行了相关探索。

## 二、同侪研修模式的相关研究

国内研究者对同侪研修相关模式进行了大量探索。从不同的理论基础或研究视角出发，国内研究大致可以分为四类。

（1）活动理论指导下的相关模式探索。学习活动理论从资源、角色、任务等要素分析个体与共同体互动的学习行为，并采用活动、行为、操作的"层次结构"表征学习活动的活动模式。学习活动理论为同侪研修提供了很好的理论指导。例如，杨卉[4]以活动理论为基础，将教师在线实践社区视为学习生态系统，从生产、

---

① 转引自 Abruscato J A, Derosa D A. Teaching Children Science: Discovery Methods for the Elementary and Middle Grades[M]. New York: Pearson Education, 2005.

② 熊久明，刘清堂，张思，等. 教师混合式培训中的同侪互助行为调查研究[J]. 现代远距离教育，2015（6）：51-58.

③ 刘学敏，孙崴，王陆. 中小学教师网络同侪互助组织知识共享行为研究[J]. 现代中小学教育，2014（9）：82-86.

④ 杨卉. 教师在线实践社区研修活动设计——以同侪互助网络研修活动为例[J]. 中国电化教育，2011（9）：43-48.

消耗、分配和交流等子系统，对教师在线实践社区研修活动进行设计，构建了同侪网络研修活动模式，以及教师在线实践社区中的研修活动流程。另外，研究者以活动理论、混合学习理论等为基础，构建了线上线下相结合的课例研修模式①。

（2）教师共同体理论指导下的相关模式探索。教师共同体是教师专业发展的载体，共同体内成员通过相互协商与互惠互利实现共同发展②。作为一个专业人员，教师不仅是一个发展中的个体，而且可以在合作研修中共同成长③。研究者以教师共同体理论为基础进行了相关探索与实践。例如，王陆④通过大学与中小学建立合作伙伴关系，研究了大学支持下的同侪互助模式并详细介绍了同侪互助的过程，旨在共同寻求教师专业发展。覃幼莲⑤立足于"互联网+"时代的特征，强调教师专业发展共同体的封闭学习形式、实体组织形式、刚性学习时空和单向学习方式因互联网的开放性、虚拟性、移动性和交互性产生了跨越的革新。当下教师专业发展共同体需紧密结合互联网共享化、要素化的典型特点，借助于专家引领的互联网平台，以线上线下相结合的方式展开同侪研修，充分发挥教师专业发展共同体的积极作用。何彪等⑥基于教师职业发展的知识特征和教师共同体建设的基本理论，提出"课前说课—教学及同伴观课—反思及评估修订—修订后再教及观课—再反思及成果分享"五环节常态课校本研修模式。通过在研修活动中创建"理论专家+实践专家+进修者"的"1+1+1"异质教师共同体促进研修管理方式的创新，实现参研教师知识水平的共同提高。华晓宇⑦以"网络学习共同体"为切入点，比较分析面向教学实践的主题研讨和基于课程资源的专题研习两种基本的研修模式的特征，提出基于网络学习共同体的教师研修"五结合"策略，强调两种模式、多种平台、理论与实践、多种角色、线上与线下的结合。

（3）从教师实践性知识的视角出发构建同侪研修模型。相对于教师个体而言，教师共同体更有利于对实践性知识进行协同认知与意义建构，有助于显性实践与隐性知识相互转化⑧，有利于实践性知识的分析、评价与创造。基于此，张思等⑨从提升教师实践性知识的角度提出了教师研修中的同侪互助模型，为教师同侪互助的有效实施提出了阶段性策略、交流策略和支架策略等，研究表明，同侪互助模

① 翟慧清. 线上线下相结合的课例研修模式构建及案例分析[D]. 华中师范大学硕士学位论文, 2019.
② 张思. 在线教师共同体模型及应用研究[J]. 中国远程教育, 2019（3）：69-76, 93.
③ 赵其坤. 教师研修与专业发展（上卷）[M]. 北京：学苑出版社, 2012.
④ 王陆. 大学支持下的校本研修教师专业发展模式[J]. 中国电化教育, 2005（3）：9-13.
⑤ 覃幼莲. "互联网+"背景下教师专业发展共同体的建构模式和策略[J]. 中国成人教育, 2016（17）：128-131.
⑥ 何彪, 陈静勉. 常态课校本研修模式的构建与探索[J]. 中小学教师培训, 2017（3）：16-19.
⑦ 华晓宇. 基于网络学习共同体的教师研修模式分析[J]. 教育评论, 2015（5）：73-75.
⑧ 代毅, 王冬青. 群组知识共享创新视角下教师研修模型的构建与实践[J]. 中国电化教育, 2017（6）：131-136.
⑨ 张思, 刘清堂, 熊久明, 等. 教师混合式培训中的同侪互助模式与支持策略研究[J]. 电化教育研究, 2015（6）：107-113.

式及支持策略促进了教师混合式研修的有效实施。

（4）基于鲜活实践经验的相关模式探索。例如，毕诗文等[1]曾先后组织了350多万人次教师网络研修活动，基于实践经验探索出7种远程专业研修模式，研究表明"小群组名师工作室孵化研修模式"的实践有助于教师社区建设动力引擎，促进教师社区的同伴成长。张涛[2]根据乡村教师校本研修中"教师研修同伴少、专业发展引领少、研修过程技术少"三大问题，构建并实践校际联动片区互助网支持下的"九子"互助研修模式，从主题确定、研修过程、行为改进三个方面展开研修，实践表明，同伴互助研修模式有助于教师团队合作意识、问题意识以及研修意识的养成。许占权等[3]以高中历史教师为例，实践探索了基于小组合作学习的培训模式，研究表明，同伴互助合作学习有助于研修共同体的形成、教学问题的再生以及新智慧的创生。

## 三、同侪研修存在的问题及对策研究

尽管教师同侪研修具有非常重要的理论与实践价值，然而，在具体的实施中存在一些问题。只有明确教师同侪研修中存在的种种困境，才能更好地促进教师同侪研修对教师专业发展的价值。

同侪研修的局限性主要是研修主体的时间精力有限，有可能缺乏有效的同侪互助技能，如沟通技能、帮助技能和观察技能等[4]。陈金华[5]指出目前教师同侪互助观念、目标、愿景、时间、制度、保障等陷入了种种困境，并认为以下原因导致这种困境。①教师同侪互助的不确定性导致难以测量和客观公正地评价；②教师同侪互助时间不能保证；③学校领导对教师同侪互助活动没有足够重视；④没有形成良好的互助文化；⑤缺乏良好的教师同侪互助的组织保障；⑥缺乏一定的经费保障。针对教师同侪互助的现实困境，从如下四个方面提出解决对策：①提升互助理念，建立互助愿景；②营造互助氛围，激发互助动机；③搭建互助平台，构建互助团队；④建立互助机制，提供互助保障。这些研究，从不同的理论视角，构建了不同教师研修情境下的同侪研修模式，具有实际指导意义，同时为直播课堂支持下的同侪研修模式的构建提供了一定参考。

---

① 毕诗文，刘文华，周凯. 困境与突围："互联网+"背景下省域教师专业研修模式转型与创新[J]. 中小学教师培训, 2017（3）：28-32.

② 张涛. 乡村教师互助式校本研修共同体创新实践研究[J]. 课程·教材·教法, 2016, 36（11）：101-106.

③ 许占权，刘永红. 基于小组合作学习的教师培训实践探索——以高中历史教师培训为例[J]. 中小学教师培训, 2015（8）：26-28.

④ Hooker T. Peer coaching: a review of the literature[J]. Waikato Journal of Education, 2013, 18(2): 129-139.

⑤ 陈金华. 教师同侪互助的现实困境与出路[J]. 中国教育学刊, 2013（9）：69-73.

## 四、直播课堂支持下的同侪研修相关研究

与直播课堂相近的概念包括"专递课堂""同步课堂"等。为了与"专递课堂""同步课堂"等概念相区分，本书使用了"直播课堂"这一概念。在本书中，"直播课堂"的范畴更为广泛，包括为实现"专递课堂""同步课堂"等建立起来的平台和系统，也包括教育信息化时代兴起的精品课录播设备、常态化录播设备等，还包括为实现直播功能而搭建的简易设备及系统等。国内外对直播课堂的相关研究存在着两种取向。第一种为教育公平取向。大多为了解决城乡教育不均衡、农村教学点师资薄弱等问题，同时，也是在教育政策的引导下而兴起的研究热潮。第二种为便捷灵活取向。这种研究大多是探索如何设计更加有效的直播课堂环境，以支持更加有效的便捷学习。例如，由于白天工作或距离学校太远，成人学习者可以通过直播课堂更加方便灵活地参与课堂学习[1]。目前，国内大多数研究属于第一种价值取向，旨在促进教育公平，提升教育质量。

为了落实"促进信息技术与教育教学融合应用、探索信息化背景下育人方式和教研模式等重要任务"，2020年3月教育部发布《教育部关于加强"三个课堂"应用的指导意见》，文件提出，"专递课堂"强调专门性，主要针对农村薄弱学校和教学点缺少师资、开不出开不足开不好国家规定课程的问题，采用网上专门开课或同步上课、利用互联网按照教学进度推送适切的优质教育资源等形式，帮助其开齐开足开好国家规定课程，促进教育公平和均衡发展。专递课堂的常态化按需应用是利用信息化手段扩大优质教育资源覆盖面的重要基础。同步课堂，分为同步直播课堂、同步在线课堂，是"专递课堂"最为典型的一种教学模式。同步直播课堂主要是指将优质课堂利用卫星或地面网络直播到需要的班级课堂，同步在线课堂提供了一个可以在互联网上进行同步教学和学习的平台，同步在线课堂最重要的是教师和学生同时参与在线课程。同步直播课堂和同步在线课堂的最终目的都是助推优质教学资源打破地理限制，使教育资源不发达地区获得丰富的教学资源。

随着"专递课堂"的常态化，一些学校将"专递课堂"应用到区域内在线教研和教师的在线培训上，常态化开展了"在线集体备课""教师专项培训""在线课堂网络评课"等实践活动。江西省婺源县从2012年获批全国首批教育信息化试点县起，一直着力于县域基础教育信息化的优质均衡发展，深化专递课堂和同步课堂的应用。为破解教学点开不齐课、开不好课的问题，截止到2019年，婺源县成立了六个教学共同体，以城区六所小学为核心资源校，以婺源县名师工作室

---

① Wang Q Y, Huang C Q. Pedagogical, social and technical designs of a blended synchronous learning environment[J]. British Journal of Educational Technology, 2018, 49(3): 451-462.

为核心师资辐射点，联合各乡镇中心校和教学点，实行双向选择，开展专递课堂和同步课堂，促进教育资源共享①。张尧、王运武等在专家咨询和调研的基础上，构建了"政府—中小学—企业—高校"四方协同的同步课堂教学模式，通过搭建同步课堂教学系统、同步课堂管理系统及同步课堂服务系统，架构了徐州市同步课堂技术支撑体系，经过2017年至2019年近两年的同步课堂教学模式应用实践，在一定程度上打破了徐州市城乡地域的限制，促进优质教育资源共享，提升农村学校的教学质量，推动城乡教育均衡发展②。高丹阳等学者认为城乡异地同步课堂教学组织形式的特点为"一体、双管、三进"，强调城乡校校一体、师师一体、生生一体的教学共同体在同步课堂中的重要作用③。"专递课堂""同步课堂"等应用形式为实现优质教育资源均衡做出了重要贡献，同时也为实现区域教师共同体研修提供了有力的技术支撑。

---

① 饶爱京，万昆，任友群. 优质均衡视角下县域基础教育信息化发展策略[J]. 中国电化教育，2019（8）：37-43.
② 张尧，王运武，余长营. 面向城乡教育均衡发展的教育变革——徐州市同步课堂教学模式的设计与实践[J]. 现代教育技术，2019，29（6）：90-95.
③ 高丹阳，张泽晖，郭伟. 城乡异地同步课堂教学组织形式的提出与实践[J]. 现代教育技术，2019，29（5）：71-77.

第二章

# 直播课堂支持下的同侪研修模式设计

# 第一节　模式定位

　　直播课堂支持下的同侪研修模式适合两所或多所教师水平差异较大的学校，旨在促进农村教学点教师的专业成长，以及集团校内部新手教师与专家型教师之间的协作教研。该模式具有异校同步和同侪互助两个特点。异校同步是指本校教研与异校教研同步进行，有效提高区域教研的地域灵活性，免去主讲教师及参研教师的地域转移，参研教师无须走出校门即可实时参与研修活动，大大节省区域教研的物资投入。同侪互助是指研修过程中在主讲者与参与者、评价者与被评价者之间双向对等沟通的基础上，注重教师研修过程中的协作性，通过同步观摩、教学实践、研讨反思等环节，教师之间能够彼此学习新的教学理念、教学技巧和策略，从而审视、修正自身的不足和劣势。直播课堂支持下的同侪研修有利于线上线下、校内校外优质教师研修资源的融合，有利于教师充分借助外部资源，反思自己的教学行为，实现自我提升与超越。

　　该模式试图在区域范围内依托已有的研修平台、直播课堂环境与设备等，构建区域层面的教师线上线下相结合的教师研修共同体，借助共同体中教师的群体智慧，进行教案案例的分享、实践、研讨与反思，以期满足教师实践过程中自发性、群体性的发展诉求，促进教师专业发展。

# 第二节　模式设计理念以及研修目标

## 一、设计理念

（一）以区域教育资源均衡发展为愿景

　　学校的发展关键在教师，教师的发展决定学校的发展。直播课堂支持下的同侪研修模式立足于区域内教育资源配置与优化，以区域教育资源均衡发展为愿景，旨在提高区域内教育资源薄弱学校（如农村教学点）教师的专业能力和素养。一方面，农村教学点利用已经建设成熟并投入使用的直播课堂，促进农村教学点教师研修的常态化；另一方面，针对区域内非教学点，但是师资薄弱的地区，在 1+$N$ 对口帮扶下，促进该地区已有教师的专业能力提升。

（二）以教学实践问题为导向

研修是为了促进教师的个人专业发展。研修主题来源于真实实践，服务于教师专业发展，受到一线教师的欢迎。一方面，根据教师教学实践中遇到的常见问题、信息化教学问题等，通过征集、筛选等形式确定教师研修主题；另一方面，在研修过程中，立足于具体的教学实践，通过对具体教学案例的直播、观摩等方式，借助于集体智慧，将社会性知识内化为实践性知识，最终服务于教师的专业发展。

（三）以社会性建构为研修过程

知识建构具有一定的社会性和文化性，是在群体环境中，多元主体互动，群体智慧共享和内化的社会性建构过程。一方面，构建区域内教师研修共同体。让对同一主题感兴趣的教师构成教师共同体，在民主、平等、相互接纳的氛围中，成员能够感受到归属于这个群体，获得群体成员的尊重和信任。另一方面，在研修活动中发挥同侪互助的作用，借助集体智慧促进教师个人实践性知识的习得。研究者认为，同侪互助是先进教学理论的主要来源，是提高教学能力的有效手段，是协同教育研究的重要方式，是构建合作型教师文化的基础。在教师研修过程中，发挥同侪研修的作用能够有效促进教师专业发展。

（四）线上线下相结合的研修环境

2019 年 4 月，《教育部关于实施全国中小学教师信息技术应用能力提升工程 2.0 的意见》提出，将集中培训、网络研修与实践应用相结合，整校推进开展教师信息技术应用培训。在"互联网+教育"理念与教师教育改革背景下，这种线上与线下、学习与实践相结合的混合式研修逐渐成为教师培训深化改革、促进教师专业发展的主导模式。线上线下相融合的混合式研修能够充分发挥网络研修和线下学习实践各自的优势。因此，本书旨在依托直播课堂、区域教研网络平台、移动平台等线上平台和资源，充分利用线下教师研学实践的优势，构建线上线下相结合的区域研修环境。

## 二、研修目标

直播课堂支持下的同侪研修是一种为促进教育公平和均衡发展，利用直播课堂实现同一区域内更大规模的优质教师教育资源共享的"一对多"异校教师研修模式。异校教师通过直播课堂与本地研修教师实时互动，分享成果。具体目标包括：①明确同侪研修的共同目标，创设真实的活动情境；②线上线下相结合，促进现实与虚拟教师实践共同体的构建；③创建有效的异校同侪教师交流机制，营造合作共享的实践文化；④实施切实可行的反思实践路径，提升研修教师的教学技能。

最后，直播课堂支持下的同侪研修需要一定的硬件和软件条件保障支持，包括：①参与研修活动的所有教研点安装互动教学教研直播录播系统；②涉及至少2个教研点。

# 第三节　研修模式设计

直播课堂支持下的同侪研修是以直播互动课堂为依托环境，在组织者的协调下，分异校教研、本地教研两类教研点，通过观摩、实践等环节，以提升教师专业发展。这种组织方式能够支持"名校"与"+校"之间的"1+1""1+2""1+3""1+N"结对方式，实现校际间的互联互通、异地互动、师资交流和资源共享等，促进教师专业提升。以"1+2"结对方式为例，其模式框架见图2-1。一般而言，组织者角色一般是由区域教研员或学科组长担任，负责整个同侪研修活动的计划、协调和组织工作。主讲教师负责研修教案设计、案例展示等工作。参研教师分为本地教师与异校教师两种类型，通过观摩、实践、研讨与反思等环节，逐步加深对研修主题的认识。在同侪研修系统中，研修主体对实践性知识的认识是一个移动的、变化的共同体目标。研修教师不仅会随着时间的推移而扩展对实践性知识的认识，而且会随着其他教师的参与而加深对实践性知识的再认识。

如图2-1所示，"1+2"结对研修包括一个本地教研点（如中心校）、两个异校教研点。根据活动理论，这三个教研点可以被视为三个活动子系统。三个活动子系统经过个体与共同体的交互，分别生成三个活动对象。这些对象是活动系统内交互的结果，是主体对客体从广度与深度方面的再认识。各个活动系统之间实践性知识交互而形成的对象是研修共同体内各子系统所共建、共享的对教学实践的认识。

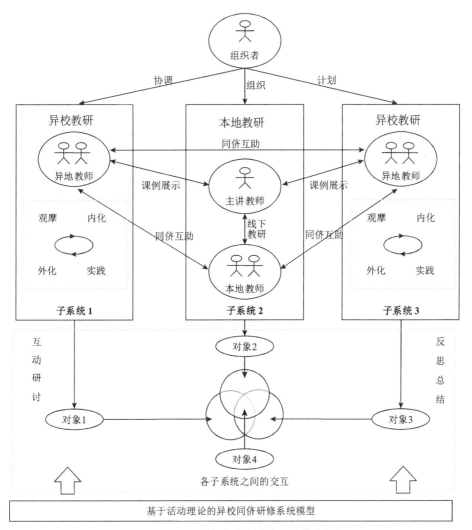

图 2-1　"1+2"结对异校同侪研修模式框架

# 第四节　模式拓展

## 一、区域在线集体备课

在线集体备课是常见的网络研修活动之一，也是教师团队展开课例研修打磨课例的首要环节。区域在线集体备课是在各区域网络研修社区支持下展开的，各地区研修团队根据当地的地域特点以及研修需求，组建研修团队，确定同侪研修的具体实施流程。随着"互联网+"的迅速发展，直播课堂支持的、混合式学习环境下的网络研修空间为区域在线集体备课提供了有效支撑，成功击破异校教师之间的时空壁垒，促进异校教师的交流互动，从而实现个人思想与集体智慧的碰撞与交融。区域在线集体备课不仅是教师成功展开具体研修活动的基础环节，也是同侪研修活动的一大特点，充分发挥集体的力量打磨课例，实现优质资源的创生和知识的重构。

## 二、区域在线直播评课

听评课活动的实践与研究是随着校本教研的深入而逐渐走向繁荣的，从教师教育的视角下，听评课被解读为一种横向的同事互助研究活动。通过观课后观课双方在某些事先预设的都关心的课题的研讨、分析和相互切磋，来改进教学行为，提高教学水平[1]。在线直播评课是区域同侪研修活动中教师借助直播平台或网络研修空间等信息技术手段实现与研修团队中其他教师的实时沟通与交流，它为教师的专业合作提供了有效的机会和更广阔的平台，教师借助在线直播评课共同体，开展及时的自我反思和专业对话，探究具体的课程、教学、学习、管理上的问题，促使合作体的每一位成员都得到应有的发展，充分利用物联网相关技术促进在线直播评课活动在跨学校、跨学科的教师之间的高频开展。在线直播评课是传统听评课模式在"互联网+"时代的新发展，为促进同侪研修共同体教师专业发展、提升课堂质量、形成良好教研文化做出了重大贡献。

## 三、名师直播课堂

作为同侪研修活动的亮点，名师直播课堂以"一带多"的形式实现了优质资源的共享，有效发挥名师名课的示范效应，是缩小城乡教育资源差距的关键。名师通常指在某一区域范围内具有一定知名度和影响力的教师，他们都具备先进的教育教学理念和高超的实践能力[2]。名师工作室因中小学教师专业发展的研究与实践的不断深入逐渐成了一种教师研修、培训模式，是为解决基层中小学师资队伍建设、名师资源辐射、专项课题研究等问题而专门组织起来的有固定参加人员、明确活动内容的组织机构，以不同项目驱动的形式由名师开设名师课堂，将骨干

① 方洁. 我国听评课研究二十年：回顾与反思[J]. 西北师大学报（社会科学版），2014，51（3）：104-108.
② 全力. 名师工作室环境中的教师专业成长——一种专业共同体的视角[J]. 当代教育科学，2009（13）：31-34.

教师的优秀教学经验作为一种学习资源供其他研修教师参考学习。随着科技的进步，名师课堂跳脱了具体物理环境下的课堂情境，呈现出新的形式——互联网支持的在线直播课堂。通过名师直播课堂，异校教师只用坐在学校的多媒体教室或办公室的电脑前就能方便地看到高水平的教师上课[①]，和专家面对面实时讨论交流，从而实现优秀教学经验的内化吸收。相比于传统的名师课堂，名师直播课堂为教师专业发展提供了海量多样的学习资源，促进异校教师之间多元化知识与经验的分享，搭建了城乡教师的交流平台，为实现教育均衡发展奠定了坚实的基础。

---

① 孙刚成，王婷婷. 信息技术环境下的城乡教育公平探究[J]. 电化教育研究，2008（3）：14-17，36.

# 第三章

# 直播课堂支持下的同侪研修流程设计

# 第一节 直播课堂支持下的同侪研修流程

如图 3-1 所示，直播课堂支持下的同侪研修基本流程包括 5 个阶段。研修组织者按照流程制订同侪研修计划、研修目标，进而依序完成计划确定的各项任务。

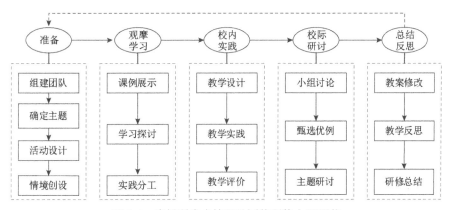

图 3-1 直播课堂支持下的同侪研修主要环节

## 一、准备阶段

准备阶段是研修活动的筹划阶段。在该阶段，需要组建团队、确定同侪研修主题、制订研修活动计划、创设研修活动情境，保证直播课堂设备完好以顺利开展研修。

（一）组建团队

（1）需求调查。区域教研员应了解该地区各学校的教学实际情况，做好研修工作的"市场调查"，确定教师研修需求。实际工作中要结合该模式"异校同侪"的特点，适当控制参研教师的人数及校区地域规模。

（2）确定教研点。在了解该地区各学校的教学实际情况后，根据实际研修需求，如区域内大校跨校区教研或区域内针对边远薄弱地区的帮扶教研等情况，统筹研修软硬件投入，确定开展本次教研的教研点。教研点共三个（也可以是多个，依据实际情况酌情安排），包括一个本地教研点和两个异校教研点。主讲教师或专家将在本地教研点进行现场授课或点评，通过录播系统将视频信号同步传送到两个异校教研点。

（3）确定各教研点负责人。在确定教研点之后，要在各教研点确定一名负责人，作为所在教研点的联络人。负责人负责各自教研点参研教师的分组，教师4—5人为一组，考虑小组内教师所教年级、教龄及计算机水平等差异。负责人在研修工作开始后作为助教，协助主讲教师开展课堂活动以及维持课堂秩序。

（4）邀请专家或主讲教师。教研员统筹三个异校教研点所处位置、教学现状等实际情况，结合研修计划安排，邀请专家或主讲教师加入研修团队。

（5）团队成立，建立群组。教研员、专家或主讲教师、教研点负责人、全体参研教师建立教师交流联系群组。

（二）确定主题

（1）意见征集。研修主题的确定是教师研修活动的关键一步，参研教师根据自身实际需求提出主题意见，由教研员牵头，各教研点负责人向参研教师征集研修主题及意见，并统一汇总。

（2）确定主题。教研员及主讲教师对汇总意见进行协商，最终确定本次同侪研修的主题。

（三）制订计划

主讲教师需要与教研员进一步沟通教师需求，了解同侪研修模式的特点，明确研修活动的目标以及参研教师的不同特点。在此基础上细化研修主题，明确研修内容、拟定实践任务及具体时间安排等。教研员将所有内容逐一填写到同侪研修计划表的相应栏目，并将研修计划传达给全组成员。

（四）设备调试

教研员邀请技术工作人员，负责在每次研修连线之前进行教研点的系统和设备调试与维护，保证研修活动进行时画面和音频传输正常且质量较高，不影响研修活动的正常开展。

## 二、观摩阶段

观摩学习是实践性知识的内化。主讲教师进行课例展示，参与研修教师同步观摩，并针对课例中的问题进行即时探讨与交流。参研教师通过观摩学习、理解加工将内隐的知识提炼为外显理论。对于参研教师而言，观摩学习是实践性知识内化的过程。

（一）课例展示

（1）主讲教师上课。课前教研员及本地教研点负责人需联系合适的课例展示的班级，并协调上课时间。依据研修活动计划，主讲教师在本地教研室进行现场授课。

（2）参研教师同步观摩。主讲教师在本地教研点进行授课的同时，身处两个异校教研点的参研教师同步观摩直播课例，并参与实时互动，实现优质课例的跨地区共享。在观摩课例的同时，教师需要填写课堂教学观察量表。

（二）实时探讨

主讲教师将本次课例的教学设计方案在群组共享给参研教师，以供教师研讨评价，并提出问题。三个教研点的参研教师与同行探讨对主讲教师课例及教学设计方案的疑问和感受，及时反馈，交流经验。也可以自由提问，主持人负责选择发言人，并维持课堂秩序。

（三）任务布置

主讲教师按照研修计划，结合实时探讨中所提出的问题，布置实践任务。要求参研教师完成基于某一具体知识点的教学设计方案，并依据此方案进行授课，录制课堂视频（不超过15分钟）并提交至研修平台。在进行任务设计时，依据本次同侪研修主题，列出教学实践的可选任务主题，供教师参考选择。

## 三、实践阶段

互助实践是理论的外显。此环节主要是参研教师选择适当的主题进行教学设计，然后进行实践，录制课例，上传到研修平台，并开展同伴评价。参研教师通过实践将实践性知识外显，转化为案例，深化教师对实践性知识的认识与理解。

（一）教学设计

全体参研教师选取某个具体主题知识点，进行相应的教学设计。参研教师选择的教学主题知识点不宜过大，应基于新课程标准，选择能够解决实际教学问题的主题知识点。

### （二）教学实践

全体参研教师基于选定知识点的教学设计方案进行教学实践。在实践教学的过程中，教师尝试利用新知识和新技能解决教学中的实际问题，积累实践经验。教师要请小组内的其他成员拍摄授课过程，制作课堂实录视频，注意视频时间长短、分辨率、格式等。全体参研教师将自己的教学设计方案以及教学课堂实录视频上传至研修平台的指定页面，以供其他教师评价、留言。

### （三）教学评价

参研教师对其他教师（至少3人）所上传的课堂实录及教学设计方案进行观摩评价，填写教师实践观摩记录表。主讲教师和其他参研教师通过留言形式给出评价与建议。

## 四、研讨阶段

互动研讨是深层的对话。参与研修的教师借助即时通信工具、研修平台等，针对教学实践中出现的问题，在研修共同体内部展开小组讨论，开展主题研讨，并进行个人总结。

### （一）本地小组讨论

参研教师先在小组内对教学实践过程中遇到的问题进行讨论，小组长将相应问题记录下来，可参考小组研讨问题及需求清单模板。此次小组内的问题讨论体现同侪研修的特点，同一个教研点同一个小组的教师互为学习伙伴，同伴之间讨论所遇到的问题，一同商讨解决策略，形成小组意见。

### （二）甄选问题

（1）汇总问题。各教研点内的各个小组长将记录好的小组研讨问题及需求清单提交给所在教研点助教。助教汇总各小组所提出的问题，形成教研点内问题清单，交给教研员。

（2）甄选问题。本地教研点助教协助教研员及主讲教师将各教研点所提问题进行统计和梳理，从问题中甄选或提取一个开放性的研讨主题（教学实际问题），组织各教研点开展专题研讨。

## （三）主题研讨

（1）异校研讨。教研员作为主持人，组织一个本地教研点和两个异校教研点进行同步主题研讨。教师可以围绕研讨主题，结合自身教学经验发表观点，以达到同行之间评议、反馈、交流经验的目的。

（2）主讲教师总结。异校研讨结束后，主讲教师对主题研讨进行总结，以供参研教师梳理研讨内容，吸取经验知识。

## （四）研讨总结

全体参研教师对研讨内容及研讨收获做出总结（500字以上），并共享至研修平台相应页面。此过程是对教师同行研讨的总结，是对同侪评议、交流分享、问题解决过程的回忆，教师可将研讨过程中发现的新观点和新思想进行总结和梳理。

# 五、反思阶段

反思总结是实践的升华。参与研修的教师对整个研修过程进行反思，尤其是对于实践阶段的教学方案设计重新调整与完善。同侪研修过程的反思是参与者对前期观摩学习的反思，也是结合自身专业提升需要的实践反思、对同侪互助研讨的反思。对整个研修环节与具体任务的反思，同时也可能伴随着下一轮同侪研修过程的开始。

## （一）修改

所有参研教师依据讨论结果和主讲教师的建议，修改自己所完成的教学设计方案，并将其交给小组长。小组长交给教研点助教。

## （二）反思

参研教师将此次教师研修活动的每个时间阶段所学所思记录下来。

## （三）总结

教研员组织召开研修总结会议，集体讨论本次同侪研修的收获与存在问题，并对各参与人员的表现进行总结分析，作为后期同侪研修的经验。助教需做好会议记录，撰写会议纪要。

# 第二节 直播课堂支持下的同侪研修活动任务单

在本节中，我们分步骤、分角色给出了每一个环节的具体活动内容、需要完成的任务及成果、可用工具及时间等，详见表3-1。从直播课堂支持下的同侪研修任务单中可知，研修活动主要包括教研员、主讲教师、学员三个角色。

表3-1 直播课堂支持下的同侪研修任务单

| 阶段 | 活动内容 | 需完成的任务及成果 | 可用工具 | 时间 |
|---|---|---|---|---|
| 准备 | 教研员：①确定教研点及教研点负责人。教研员根据研修需求及实际情况，确定一个本地教研点及两个异校教研点。②根据教研点实际情况，邀请主讲教师，建立研修教师群组。③发布同侪研修主题征集问卷。④结合地区教师研修实际情况与主讲教师对汇总意见进行协商，确定研修主题。⑤邀请技术工作人员进行设备检测与调试<br><br>学员：填写同侪研修主题征集问卷<br><br>主讲教师：在教研员的协助之下，制定此次同侪研修计划，包括研修内容、活动安排及时间分配，需做出详细的研修活动设计方案 | 教研员：①教研组情况介绍文档1份；②研修主题确定过程描述文档1份；③同侪研修计划表1份；④设备调试记录文档1份<br><br>主讲教师：研修活动教学设计1份 | QQ、微信、教研计划表模板 | 1周 |
| 观摩 | 主讲教师：①课例展示。依据准备阶段所制定的研修活动计划，在本地教研点开展主讲教师课例同步课堂。②将本次课例的教学设计方案在群组共享给参研教师。③布置任务。主讲教师按照研修计划，结合实时探讨中所提出的问题，布置实践任务<br><br>学员：①异校教研点同步观摩主讲教师课例，填写课堂教学观察量表。②将在观摩主讲教师课例之后的疑惑之处提出来，与同行及主讲教师实时探讨<br><br>教研员：观看主讲教师课例，填写课堂教学观察量表 | 学员：<br>课堂教学观察量表1份<br><br>教研员：<br>课堂教学观察量表1份 | 录播系统及平台、课堂教学观察量表、摄像机及视频编辑软件 | 1周 |
| 实践 | 学员：①选择教学实践任务主题进行教学设计，并上传。②基于选定知识点的教学设计方案进行教学实践。③制作课堂实录视频并上传。④对其他教师（至少3人）所上传的课堂实录及教学设计方案进行观摩评价，填写教师实践观摩记录表<br><br>主讲教师：对至少5位参研教师所提交的教学设计方案和课堂实录视频留言给出评价与建议，填写教师实践观摩记录表<br><br>教研员：对至少5位参研教师所提交的教学设计方案和课堂实录视频留言给出评价与建议，填写教师实践观摩记录表 | 学员：①教学设计方案1份；②教学实录视频1个；③教师实践观摩记录表3份<br><br>主讲教师：教师实践观摩记录表5份<br><br>教研员：教师实践观摩记录表5份 | 教学设计方案模板、教师实践观摩记录表 | 1周 |

续表

| 阶段 | 活动内容 | 需完成的任务及成果 | 可用工具 | 时间 |
|---|---|---|---|---|
| 研讨 | 学员：①小组讨论。参研教师先在小组内对本次教学设计和教学实践过程当中遇到的问题进行讨论，形成小组研讨问题及需求清单，并交给所在教研点助教进一步汇总，形成教研点问题清单。②主题研讨。③个人研讨总结（500字以上），并上传<br><br>主讲教师：①问题汇总及甄选。从各教研点的问题清单中甄选提取1—2个开放性问题作为研讨主题。②参与主题研讨。③研讨总结。异校研讨结束后，主讲教师现场总结主题研讨。④个人研讨总结（500字以上），并上传<br><br>教研员：①汇总各小组问题并形成教研点问题清单。②组织三个教研点开展同步主题研讨。③个人研讨总结（500字以上），并上传 | 学员：<br>①研讨问题及需求清单1份（每组）；②研讨总结1份<br><br>主讲教师：<br>研讨总结1份<br><br>教研员：<br>①教研点内研讨问题记录清单1份；②研讨总结1份 | 小组研讨问题及需求清单模板、教研点内研讨问题记录清单模板、录播系统及平台、研讨总结模板 | 1周 |
| 反思 | 主讲教师、学员：<br>①教案修改。教师根据教学实践、其他教师的反馈，以及研讨收获对教学实践过程中所完成的教学设计方案进行修改。②上传共享。参研教师将修改后的教学设计方案上传共享。③反思。参研教师对本次研修的各个阶段进行总结，并形成反思意见（不少于500字），上传与全体参研教师共享<br><br>教研员：教研员组织召开研修总结会议，集体讨论本次同侪研修的收获与所存在问题，完成本次研修总结 | 主讲教师、学员：<br>①修改后的教学设计方案1份；②反思表1份<br><br>教研员：<br>①会议纪要1份；<br>②反思表1份 | 反思表模板、会议纪要模板 | |

　　教研员在同侪研修过程中需要充当组织者、调控者角色。在准备环节，教研员根据调研需求及实际情况，确定主讲教师、各个教研点的负责人，并发布同侪研修主题征集问卷，确定研修主题；在研修过程中，教研员需要保证研修活动的顺利开展；在实践与研讨环节，教研员起着参与、协助和管理的作用，例如，研修活动的组织与协调，为参研教师提供帮助指导，评价教师课堂实录；最后，教研员对整个研修过程进行研讨总结与反思。

　　主讲教师一般是同侪研修活动的主导者。这一角色可以由普通的教师，或由本地教研点的专家型教师担任。先行者的角色由普通教师承担，能起到更好的研修效果。在准备环节，主讲教师需要制定此次研修活动的具体设计方案。在观摩环节，主讲教师主要进行课例展示、教案共享及布置实践作业等活动。课例可以是教师上课的教学直播或实录，或者是优秀名师的课例，通过直播课堂同步呈现。在实践环节，主讲教师主要负责参研教师教学实践的评价。在研讨环节，主讲教师的主要工作是选择研讨问题，并参与主题研讨，对研讨进行总结。在反思总结阶段，主讲教师对实践前上传的教案进行修改，重新上传共享，并进行反思与总结。

　　学员是参与同侪研修活动的主要群体。在研修活动的准备阶段，学员通过提交问题与反馈研修需求，参与研修活动主题与活动计划的制订。在观摩阶段，学员同步观摩课例，参与实时互动，实现优质课例的跨校区共享。在观摩课例的同时，学员填写课堂教学观察量表，并针对研修主题进行探讨交流。在研修活动的实践阶段，学员选取某个具体的主题知识点，进行相应的教学设计，开展教学实践，制作课堂教学实录上传到研修平台，并对同侪教师上传的教学实录进行观摩与评价。在校际研讨阶段，学员参与小组讨论、主题研讨等活动。在活动的最后环节，对之前的教案进行修改，重新上传共享，并对同侪研修活动进行反思与总结。

在每个环节，任务单中明确了同侪研修需要完成的任务及成果。①在准备阶段，教研员的主要任务是教研组情况介绍、研修主题确定过程描述、设计同侪研修计划表、设备调试等。主讲教师在该阶段主要完成研修活动教学设计。②在观摩阶段，主要由主讲教师进行课例展示，共享教学设计方案及研修任务；学员主要同步观摩主讲教师的课例，填写课堂教学观察量表，并及时讨论；教研员在组织协调的同时，填写课堂教学观察量表。③在实践阶段，学员主要选择具体的教学实践任务开展教学实践，参与人员对其他教师的课堂教学案例进行观摩评价。④在研讨阶段，主讲教师组织相关研讨，和学员一起针对实践中遇到的问题，进行汇总，形成问题清单，开展主题研讨及总结。⑤在反思阶段，主要工作是对整个教学案例及研修过程进行修改、完善和反思。在每个环节，任务单中给出了可供参考使用的工具。例如，在准备阶段，有教研计划表模板，在实践阶段有教学设计方案模板等。

*典型案例篇*

第四章

# 直播课堂支持的同课异构同侪研修实践探索①

---

① 作者：董占军，男，哈尔滨市阿城区教师进修学校初中语文教研员；赵志平，男，哈尔滨市阿城区教师进修学校校长；赵秀波，女，哈尔滨市阿城区教师进修学校初中教研部主任。

# 第一节　研修背景

　　哈尔滨市阿城区农村学校居多，在部编新教材使用推广中，改变农村孩子课外阅读资源匮乏、阅读量少和无主动阅读习惯的现状迫在眉睫，而农村学校教学力量相对薄弱，教师年龄结构不合理，年轻教师较少，大部分语文教师不愿钻研课外阅读教学。发挥城区学校骨干教师的引领作用，培养农村学校年轻教师成为新生力量势在必行。但是传统的听评课教研模式形同虚设，培养教师谈何容易。为了探索信息技术与学科深度融合下的教研新形式，改变传统教研的弊端，阿城区初中语文学科工作坊抓住"黑龙江省基础教育信息化应用培训会议"在哈尔滨市阿城区召开的契机，开展以"智课系统""移动教研"等信息技术为依托，以名著阅读为主线的"同课异构""同课同构"的同步课堂教学及课后辩课等一系列同侪研修活动。利用现代化的信息技术，探讨基于直播的同步课堂下的名著阅读教学活动设计和组织的有效策略；培养教师的批判性思维，逐渐形成借助数据和经验的实证式辩课能力；最终促发教研生机，基本实现阿城区初中语文教学的均衡发展。

# 第二节　研修活动设计

## 一、需求分析

　　从教学角度看，阿城区区域内的教育资源不均衡。阿城区第三中学（简称"阿城三中"）的语文教育资源优势明显，而乡镇的蜚克图中学教育资源十分有限。本案例中主课堂执教的王世莹老师是阿城三中的优秀骨干教师，而副课堂执教的王源老师是新生力量，特别需要一片沃土来历练、成长。从学生角度而言，农村的学生特别向往城里学校的课堂，城里的孩子也渴望看一下农村学生课堂的"模样"。因此，工作坊的老师们就有一种设想：能不能通过一种模式，把优质的教育资源分享出去，从而缩小城乡的差距。于是在"智课系统"帮助下，阿城三中和蜚克图中学的两位王老师结成了执教对子，一同完成一节具有里程碑意义的同步直播课堂教学——《昆虫记》名著导读课，为区域内教育资源均衡发展探寻新出路。

从教研角度看，我们既要剔除传统教研的弊端，又要通过同侪研修开辟新的教研模式。就拿听评课来说，以往的听评课活动是听课者坐在教室一隅，全凭自己的双眼和双耳去看去听同伴的课，然后结合自己接收的信息和以往的经验进行一元化的评价。传统的评课出现了"好话一堆、套话连篇，仔细一听，全是赞歌"的局面，这种研修缺少实效性。再看看集中教研的弊端，农村老师受路途远、教学任务繁多与存在安全隐患等因素制约，按时参加集中教研很困难，极大地束缚了同侪研修的空间。老师们，尤其是年轻教师，更需要接地气的实实在在的同侪教研平台。工作坊的老师们借助"智课系统""移动教研"的平台，通过直播的形式不但为阿城区初中语文"课外阅读课程化"开辟了新的路径，还通过平台提供的数据教研形成了客观公正的研修样态，让教研不受时空限制，让所有老师进入"一机在手，一网相连，教研跟你走"的同侪研修中。

## 二、研修内容及目标

此次研修内容是统编教材八年级上册课外名著《昆虫记》整本书的阅读。这样的选择，是鉴于阿城区初中语文教师在教研员董占军老师引领下一直致力于统编教材课外阅读教学研究，并承担着"基于学科核心素养下的初中语文课外阅读课程化研究"的省级重点科研课题。通过几年的研究摸索，阿城区初中语文学科在课外阅读教学领域基本形成了"百花齐放"的局面，在课外阅读教学中积累了丰富的经验。

针对以上研修背景及内容，工作坊的老师们提出本次研修目标：①利用现代化信息技术，以《昆虫记》名著阅读为课例，探讨基于直播的同步课堂下的名著阅读教学活动设计和组织的有效策略；②培养教师的批判性思维，逐渐形成借助数据和经验的实证式辩课能力；③通过活动，发挥团队的力量，利用现代信息技术的优势，通过同侪研修的方式，促进教师的专业化成长。本次研修的难点是如何找到基于教学实际、又严谨可辩的辩题；重点是如何选好辩论的维度，准确有效地利用智课系统生成的数据。

## 三、研修流程设计

本次研修活动首先从全区初中语文课外阅读以及教研的实际状况入手，通过调研了解，明确研修需求。依托"基于学科核心素养下的初中语文课外阅读课程化研究"的省级重点科研课题，借助"智课系统""移动教研"进行以《昆虫记》课外阅读教学研究为主线的同侪研修活动。整个研修主要分三大板块：①前期准备，重点了解"智课系统""移动教研"的使用；②进行同课异构、同课同构的上课、观课、议课活动，学会数据分析；③进行基于数据和经验的说课、辩课活动。

（一）组建团队，同侪互议

活动之初，教研员董占军老师选择学科工作室成员、优秀教研组教师、城区骨干教师和乡镇初级职称教师组成研修团队，针对"同步课堂下的名著阅读教学要注意的问题"进行了全面深入的研讨，最后议定了本次研修的主题、辩题，制定了同步课堂下名著阅读评价标准，明确了"四步走"研修策略，同时初步制定整个研修的目标和计划。

（二）同课多构，同侪共进

围绕《昆虫记》名著阅读，工作坊其他教师协同阿城三中王世莹、阿城区新华第一中学（简称"新华一中"）曹志勇、蜚克图中学王源三位老师进行备课。在智课系统和移动教研平台的助力下，针对同一本课外书，三位老师进行了不同的直播课堂教学尝试。其中王世莹、曹志勇两位老师进行了同课异构的直播教学，而王世莹、王源两位老师进行了同课同构的同步课堂教学。其他团队成员则尝试了解数据、分析数据，并根据全区语文教师"移动教研"平台上的评课记录，共同议课，碰撞交流，从两种上课模式中找出共性的问题，重点挖出同步课堂的个性问题，商定对策，改进提升，为课例展示、进行辩课打好基础。

（三）说课辩课，汇报成果

王世莹、王源两位老师展示的同步课堂教学结束后，主课堂教师王世莹进行精彩的说课，随后教研员董占军老师主持辩课。围绕"同步课堂下的教学活动设计与组织成效是否显著"这一辩题开始辩论，辩课双方主要从"教学内容的选择""小组合作学习""拓展延伸"三个维度展开辩论。在这一过程中，教研员分维度穿插点评，使老师们认识到如何进行同步课堂的教学活动设计与组织才会更加有效。

研修过程（图4-1）充分展示了阿城区语文教研团队同侪研修的智慧和能力。

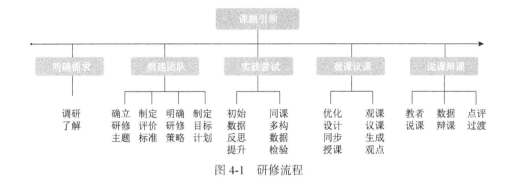

图 4-1　研修流程

# 第三节　研修活动实施

## 一、前期准备

### （一）依据实情，确立主题

统编语文教材非常重视学生课外阅读素养的培养。自新教材使用以来，阿城区初中语文教师一直致力于课外阅读教学的研究，教研员董占军老师主持的省级重点科研课题对课外阅读课程化做了较为深入的研究，为课外阅读教学积累了丰富的经验。为使课外阅读课程化成为阿城区语文学科的教学特色，实现学科教学与信息技术深度融合，实现区域内优质教育资源共享的教育均衡发展目标，阿城区初中语文学科以"智课系统""移动教研"等平台为依托，以《昆虫记》名著阅读为课例，以初中语文教师为研修主体，开展同课异构、同课同构的同步课堂教学研究活动。

在开展同步课堂教学之初，教研员董占军老师组织研修团队的老师们，针对"同步课堂下的名著阅读教学要注意的问题"进行了研讨。老师们普遍认为：同步课堂下的名著阅读课不同于以往，传统的名著阅读课，老师们面对的只是一个课堂的学生，不存在时空的差别，而同步课堂下主课堂的老师要进行"一对二"的教学，面对的是来自城乡地域不同的两班学生。城乡之间的教学环境本来就有差别，再加上学生自身素质又参差不齐，因此，主讲教师选择的教学内容能兼顾主副课堂的所有学生吗？同步课堂如何实现"同步"？同步课堂中副课堂的实效性怎样？结合老师们提出的疑问，以及城乡学生素质存在差异的实情，工作坊的老师们确定了研修活动的主题——同步课堂下名著阅读教学活动设计与组织如何做到成效显著。研修主题的思考和确立过程见图 4-2。

图 4-2　研修主题的思考、确立过程

## （二）重视评价，明确标准

课堂教学评价标准的制定应有利于促进学生的全面发展，促进教师的专业能力不断提高，充分调动教学双方的主动性与积极性，使教学双方在教学活动中充分激发自身的潜质。评价的标准、方法、手段都要科学，评价指标体系的确立和权重分配，也必须建立在科学分析的基础上。要便于操作使用、评定执行，从而提升教育教学效能。

同步课堂下名著阅读课的评价，既要关注名著阅读课型的特点，又要关注同步课堂"同步"的特点，兼顾以上两个方面进行全方位的评价才会收到应有的效果。为此工作坊的老师们制定了具体的课堂评价量表（表 4-1），上传至网络平台。

表 4-1　同步课堂下名著阅读课评课量表

| 授课人 | 学校 | | 班级 | 时间 | |
|---|---|---|---|---|---|
| 学科 | | 课题 | | | |
| 项目 | 评分标准细则 | | | 分值 | 得分 |
| 教学目标<br>（10分） | 1. 目标明确、具体、适当，能体现学生的差异 | | | 5 | |
| | 2. 符合名著类别特点、教材要求和学生实际 | | | 5 | |
| 教学内容<br>（20分） | 1. 教学内容选取恰当，教学容量适度，能兼顾主副课堂学生 | | | 4 | |
| | 2. 有整本书阅读方法的指导，导读有效地服务于整本书的阅读活动 | | | 4 | |
| | 3. 做到课堂学习与课外阅读的统一 | | | 6 | |
| | 4. 善于挖掘文本，寓情感、态度和价值观教育于能力培养之中 | | | 6 | |
| 教学过程<br>（30分） | 1. 新课导入自然合理，善于激发兴趣，调动学生参与 | | | 4 | |
| | 2. 教学过程完整，环节流畅，突出重点，突破难点，讲练恰当 | | | 6 | |
| | 3. 教法得当、灵活，注重探究式教学。注重引导学生掌握学习方法和思维<br>　方法，训练学生发现问题、分析问题和解决问题的能力 | | | 4 | |

续表

| 授课人 | 学校 | | 班级 | 时间 | | |
|---|---|---|---|---|---|---|
| 学科 | | | 课题 | | | |
| 项目 | | 评分标准细则 | | | 分值 | 得分 |
| 教学过程<br>（30分） | 4. 发挥教师的主导作用，面向全体学生，关注学生的差异。教师能在情感交流和引导学生方面，弥补副课堂远程传达带来的疏离感 | | | | 6 | |
| | 5. 同步练习精练典型，数量适宜，要求明确，时间合理，练习后能及时汇总并反馈 | | | | 6 | |
| | 6. 课堂节奏把控得当，没有空置等待状态 | | | | 4 | |
| 学生活动<br>（15分） | 1. 学习兴趣盎然，思维活跃，积极投入 | | | | 4 | |
| | 2. 训练面广，人人动脑动手，整体参与，合作探究有实效，课堂秩序良好 | | | | 6 | |
| | 3. 在任务驱动下自由读书交流，享受读书的乐趣 | | | | 5 | |
| 教学技能<br>（15分） | 1. 知识面宽，教态亲切，能与主副课堂学生有效沟通，有驾驭课堂的应变调控能力 | | | | 6 | |
| | 2. 吐字清晰，语速适中，主副课堂都能清晰接收信息 | | | | 5 | |
| | 3. 教师对名著有独到的见解，能和学生分享自己的阅读体验 | | | | 4 | |
| 教学效果<br>（10分） | 1. 教学具有吸引力，能激发学生对名著的兴趣，学生思维集中，学习积极性高 | | | | 5 | |
| | 2. 学生对教师讲授的重点内容印象深刻，能在教师的引导下掌握读书的方法 | | | | 5 | |
| 评课人签字： | | | | | 总分 | |

## （三）学习研讨，砥砺成长

此次工作坊同侪研修的辩课主题是：同步课堂下的教学活动设计与组织成效是否显著。老师们教育教学的常态任务是备课、说课、上课，对辩课则很陌生，在这方面几乎处于空白状态。为了解决这一问题，教研员董占军老师带领团队成员"四步走"：首先学习了义乌市教育局教研室叶立新老师提出的辩课的有关知识和《新课程学习（中）》中路伟燕老师的《辩课，另一种教研方式》；有了一定的理论做支撑后，接着又观看了北京市房山区的辩课案例；然后针对案例进行研讨交流；最后结合辩题，确立辩课的三个角度。

"四步走"的策略（图4-3），从抽象文字到直观展示、从面对面交流碰撞到任务定向定标，老师们不仅明确了辩课的意义，更在新形式教学教研中实现了再成长。

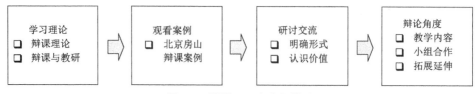

图 4-3 辩课"四步走"策略

## 二、实践尝试

### （一）智课数据，指引教学

#### 1. 初识陌生，正视问题

智课系统的运用，是一场教育教学的革命，它改变了教师的教学教研方式，也改变了学生的学习方式。在前期培训中，工作坊老师们充分了解智课系统丰富强大的功能：全面记录教学行为和学习行为，利用数据分析、诊断教学；利用平台全面观察课堂，线上观课、议课。在熟悉这些功能后，老师们进行了积极的尝试。阿城三中王世莹、新华一中曹志勇、蜚克图中学王源三位实验教师，分别在所教班级运用智课系统进行授课。三位老师的授课，知识点准确，分析透彻，讲解到位，学生听得入迷。如果是用以往的评价标准，真是三节好课！可当老师们看到智课系统分析的数据（以曹志勇、王源两位教师的数据为例，见表 4-2、表 4-3），大家瞠目结舌。数据是最真实的体现，不掺杂任何个人的主观色彩，于是一节看似成功的优质课，通过数据反映很多问题：师生互动、生生互动较少，应答的覆盖面有限，教师的讲授比例过高，是典型的讲授课。

表 4-2 曹志勇老师课堂数据

| 序号 | 观察维度 | | 比例/% | 图例 |
|---|---|---|---|---|
| 1 | 学生行为 | 读写 | 71.45% | 板书 4.90% 巡视 0.82% |
| 2 | | 举手 | 0.00% | 师生互动 1.09% |
| 3 | | 听讲 | 15.22% | 听讲 15.22% |
| 4 | | 生生互动 | 1.91% | 应答 11.42% 生生互动 1.91% |
| 5 | | 应答 | 11.42% | 举手 0.00% |
| 6 | 教师行为 | 板书 | 4.90% | 读写 71.45% |
| 7 | | 讲授 | 93.19% | 讲授 93.19% |
| 8 | | 师生互动 | 1.09% | |
| 9 | | 巡视 | 0.82% | |
| 教学行为分析结论与建议 | | | 结论：<br>建议： | |

**表 4-3　王源老师课堂数据**

| 序号 | 观察维度 | | 比例/% | 图例 |
|---|---|---|---|---|
| 1 | 学生行为 | 读写 | 15.62% | |
| 2 | | 举手 | 0.00% | |
| 3 | | 听讲 | 16.38% | |
| 4 | | 生生互动 | 22.17% | |
| 5 | | 应答 | 45.83% | |
| 6 | 教师行为 | 板书 | 9.07% | |
| 7 | | 讲授 | 62.45% | |
| 8 | | 师生互动 | 15.12% | |
| 9 | | 巡视 | 13.36% | |

图例：板书 9.07%，巡视 13.36%，听讲 16.38%，师生互动 15.12%，读写 15.62%，生生互动 22.17%，举手 0.00%，应答 45.83%，讲授 62.45%

| 教学行为分析结论与建议 | 结论： |
|---|---|
| | 建议： |

## 2. 反思改进，适应提升

对任何一个新事物的认识和接受都有一个过程。经过不断的反思后，老师们逐步认识到自身在教学过程中存在的问题。于是又以数据为凭，重新研习智课系统的特点，在深入分析课堂上师生行为如何体现合理性后，又在移动教研设备的支持下，重新设计教学内容，增加师生互动、生生互动的活动。于是，教学实践中，在教师恰当的引导和鼓励下，同一问题研讨，人云亦云的少了，各抒己见的多了；沉默寡言的少了，小组合作的多了，甚至出现了小组之间为某个问题争论得面红耳赤的局面。这样一节课结束后，再次观看数据分析，各项数据有了明显的改观，尤其是学生行为占有率显著提高，课堂活动更趋合理。

## （二）同步课堂，资源共享

### 1. 同课异构，各具特色

在前期利用智课系统和移动教研上课的基础上，实验教师参考数据调整、改进教学策略。在熟悉这种全新的授课模式后，工作坊的老师们以《昆虫记》为素材进行名著阅读同课异构的教学探索，由阿城三中王世莹老师和新华一中曹志勇老师进行同课异构，全区语文教师在教研员董占军老师组织下利用移动教研平台网络观课、议课。王世莹老师从"生命"话题切入，运用群文阅读的方式，采用圈点批注的方法，在先进的信息技术辅助下，把学生的阅读引向深入；曹志勇老师从作品整体入手，以"读什么"和"怎样读"两个问题为牵引，明确阅读重点，指导阅读方法，在智课系统的辅助下，让学生学会抓住要点，精细阅读（图4-4）。相同的内容，不同的建构方式，体现了教师对作品全面深入的理解，对名著阅读教学的方法多角度的思考和探索。从智课系统数据分析来看，两节课都很好地体现了师生互动、生生互动，教学效果显著。与此同时，全区语文教师利用手机、平板电脑、笔记本或台式电脑等设备进行网络观课、评课，大家积极参与，踊跃留言，创新了集体教研的模式。

图4-4　王世莹、曹志勇两位老师《昆虫记》同课异构要点

### 2. 同课同构，资源共享

为了充分发挥智课系统以及移动教研的优势，探索"课外阅读课程化"的可实施性，在同课异构的基础上，阿城三中王世莹老师与茧克图中学王源老师又进行了《昆虫记》的同步课堂教学（图4-5、图4-6）。因为是第一次尝试利用智课系统使不同地域的两个班级进行隔空互动，为了达到预期效果，两位老师事先进行了密切沟通，确定内容、交流学情、协同备课、设计流程、下发资料、共定时间、同时上课。课堂上，阿城三中王世莹作为主讲教师，在为自己班级授课的同时，也将几十公里外的茧克图中学八年级一班34名学生纳入自己的课堂。副课堂学生通过屏幕可观看王老师播放的课件、聆听老师的授课，并回答问题，甚至可以与主课堂班级的学生进行互动。

图4-5　王世莹老师主课堂教学

图4-6　王源老师副课堂教学

第一次尝试同步课堂直播教学，主副课堂利用智课系统，实现了隔空互动、同步学习的愿景。虽然在教学过程中，工作坊老师们也发现了一些问题，但从整体上看，这种新颖的教学方式打破了空间界限，将不同地点的两个班级用网络连接为统一的整体，实现了优质教育资源的共享。

# 三、观课议课

## （一）二次设计，明确方法

经过王世莹老师和曹志勇老师、王源老师的网络"连线"，执教教师对于同步课堂从教学方式到教学内容都有了深刻的反思。为达到最佳的教学效果，教研员董占军老师带领团队教师集思广益，进行又一次讨论：首先，工作坊老师们带着对问题诊断的态度，分析初次自主备课的教案，重点聚焦主副课堂学情差异这一问题；其次，通过对名著《昆虫记》的解读及讨论，提出了群文阅读的教学方法；最后，将小组合作学习作为同步课堂的主要学法，并为此设计了学案（表4-4）。

表4-4　《昆虫记》阅读学案

| |
| --- |
| 班级：　　　姓名： |
| 探秘昆虫世界——《昆虫记》导读 |
| ◆阅读选文，圈点标注： |
| 阅读时需圈划出重点，这种读书方法叫圈点批注法。<br>圈划批注的内容：文章的重点、有欣赏价值的句子、触动心灵的句子<br>圈划批注的形式：圈词语，画句子，写批注 |
| ◆阅读活动 |
| 请围绕本课"探秘昆虫世界"这一主题，参照批注示例，用圈点标注法读书、探究，米诺多蒂菲和蟹蛛身上藏着怎样的秘密呢？<br>可参考以下问题回答：<br>（1）米诺多蒂菲是一个＿＿＿＿＿的昆虫，因为＿＿＿＿＿。<br>（2）作者对蟹蛛怀着怎样的情感？为什么这样说？<br>（3）蟹蛛的母爱体现在哪些方面呢？请结合文中具体语句读一读。 |
| 选文<br>《米诺多蒂菲（节选）》（米源：（法）亨利·法布尔. 昆虫记/. 陈筱卿译. 北京：人民教育出版社，2017） |
| ①大约在三月份的头几天，就可以碰见米诺多蒂菲夫妇齐心协力，潜心修窝筑集。此前一直分居于各自的浅洞穴中的雌雄米诺多蒂菲，现在开始要共同生活较长的一段时间。 |

班级：　　　姓名：

②夫妻双方在那么多的同类中间还能相互认出对方来吗？它俩之间存在着海誓山盟吗？如果说婚姻破裂的机会十分罕见的话，那么对于雌性来说甚至这种破裂的机会根本就不存在，因为做母亲的很久以来就不再离开其住处了，相反，对做父亲的来说，婚姻破裂的机会却很多，因为其职责所在，必须经常外出。如同我们马上就会看到的那样，雄性一辈子都得为储备粮食奔忙，是天生的垃圾搬运工。它独自一人白天时把妻子洞中挖出来的土运走；夜晚它又独自在自家宅子周围搜寻，寻找为自己的孩子们做大面包的小粪球。

③雄性米诺多蒂菲便开始寻觅配偶，找到之后便与之安居地下，从此，它便对自己的妻子忠贞不渝，尽管它要经常外出，而且也会碰上可能让它移情别恋的女性，但它始终不忘发妻。它以一种没有什么可以使之减退的热情帮助自己的那位在孩子们独立之前绝不出门的挖掘女工。整整一个多月，它用它那叉口背篓把挖出的土运往洞外，始终任劳任怨，永不被那艰难的攀登所吓倒。它把轻松的耙土工作留给妻子做，自己则干着最重最累的活儿，把土从一条狭窄、高深、垂直的坑道往上推出洞外。

④随后，这位运土小工又变成了粮食寻觅者，到处去收集粮食，为孩子们准备吃的东西。为了减轻妻子剥皮、分拣、装料的工作，它又当上了磨面工。在离洞底一定的距离处，它在研碎被太阳晒干晒硬了的粮食，加工成粗粉、细粉；面粉不停地纷纷散落在女面包师的面包房内。最后，它精疲力竭地离开了家，在洞外露天地里凄然地死去。它英勇不屈地尽了自己作为父亲的职责，它为了自己的家人过得幸福而做出了无私的奉献。

⑤是的，在父亲们对自己的孩子那普遍的漠不关心中间，米诺多蒂菲是个例外，它对自己的孩子们倾注了全部的心血。它总是想到自己的家人，从来不想到自己。它原可尽享美好的时光，原可与同伴们一起欢宴……但它却并未这样，而是埋头于地下的劳作，拼死拼活地为自己的家人留下一份产业。当它足僵爪硬、奄奄一息时，它可以无愧地自己告慰自己："我尽了做父亲的职责，我为家人尽力了。"

班级：　　　姓名：

《蟹蛛（节选）》（来源：（法）亨利·法布尔. 昆虫记/. 陈筱卿译. 北京：中央编译出版社，2010）

母蛛因为滴水未进，一点没吃，而愈来愈瘦了。可它的守望工作却丝毫不见有松懈。在临死之前，它还有什么愿望呢？它似乎一直在等待着，这等待使它苦苦地支撑着自己，用它的精神撑起早已没有活力的身体。它究竟在等什么呢？是什么值得它这样用生命去苦苦等待呢？后来我才知道它是在等它的孩子们出来，这个垂死的母亲还能为孩子们尽一点力。

条纹蛛的孩子们在离开那气球形的巢之前早已成为孤儿，没有人来帮它们打破巢，它们自己又没有能力破巢而出，只有等巢自动裂开才能把小蛛们送到四面八方。它们出来时根本连自己的母亲是谁都不知道。而蟹蛛的巢封闭得很严密，又不会自动裂开，顶上的盖也不会自动升起，那么小蛛是怎么出来的呢？等小蛛孵出后我们会发现在盖的边缘有一个小洞。这个洞在以前的时候是没有的，显然是谁暗中帮助小蜘蛛，为它们在盖子上咬了一个小孔，便于让它钻出来。可是又是谁悄悄地在那儿开了一个洞呢？

袋子的四壁又厚又粗，微弱的小蛛们自己是决不能把它抓破的，其实这洞是它们那奄奄一息的母亲打的。当它感觉到袋子里的小生命不耐烦地骚动的时候，它知道孩子们急于想出来，于是就用全身的力气在袋壁上打了一个洞。母蛛虽然衰弱得可以随时死去，但为了为它的家庭尽最后一份力，它一直顽强地支撑了五六个星期。然后把全身的力量积聚到一点上爆发出来打这个洞，这个任务完成之后，它便安然去世了。它死的时候非常平静，脸上带着安详的神情，胸前还紧紧抱着那已没有用处的巢，慢慢地缩成一个僵硬的尸体。多么伟大的母亲啊！母蚁的牺牲精神令人感动，可是和蟹蛛相比，似乎还略逊一筹。

◆读书方法总结

◆作业

全班合作探究：课外阅读《昆虫记》，小组成员围绕所定主题，开展阅读，分享自己的阅读心得。制作 PPT，两周后作交流汇报。

这样的同侪研修，促进了教师的内省，并使全体教师舍得花更多时间钻研教材、研究教法、拓宽教学思路，提升教研能力和专业素养。执教者通过反思、吸收、内化，再次完善了教学设计，提高了教学能力。同时，主副课堂两位教师也在共同研修的过程中，明确了彼此的课堂定位，为正式授课时有效配合做好了铺垫。

（二）同步课堂，协同实现

执教者吸取前期准备的经验，采用优化后的教学设计执教《昆虫记》。主讲教师整体把握上课的节奏，引导双方学生共同学习，并深入主课堂学生中指导。同时，主讲教师通过电视屏幕关注副课堂学生的学习情况，适时对副课堂下达指令。副课堂教师根据之前的备课和主课堂老师的指令，协助完成副课堂提问环节并通过巡视发现问题、解决问题，从而弥补主课堂教师不能面授的缺憾。

（三）网络平台，观课议课

1. 依托平台，线上观课

同一时间，教室之外，网络无数个彼端，阿城区全体语文教师通过移动教研App[①]第一时间观看了王世莹、王源老师的《昆虫记》同步课堂直播授课。并在留言区纷纷留言，参与评课，同时完成移动教研平台中的"同步课堂下名著阅读课评课量表"，对课堂进行打分评价。这些信息为后面的辩课打下了坚实基础（图 4-7）。

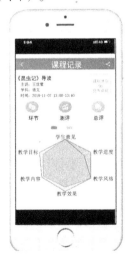

图 4-7　移动教研平台信息

---

① 当时教师研修使用的工具移动教研 App、智课通 App 现在已停用，换成了网络教研 App。

### 2. 思维碰撞，生成观点

课堂教学结束后，利用智课系统生成课堂观察分析报告和教学评价与评测报告。团队教师依据报告中 Rt-Ch 图、课堂表现曲线图、S-T 折线图、参与度散点图及课堂观察记录图等数据材料（部分数据使用见辩课环节），围绕"教学活动设计与组织成效是否显著"进行了自由议课。一些教师从主副课堂的课型、双边活动表现、学习效果等角度，认为教学活动设计和组织成效显著；而另一部分教师则从举手率、主副课堂学生参与度、小组合作效果等角度，认为教学活动设计和组织成效不显著。这样在议课过程中逐步形成正反两方的观点，为下面的辩课蓄足了势。

## 四、说课辩课

本次"基于直播课堂支持下的同侪研修课后说课辩课"活动，是前期研修成果的集中展示和深入，恰逢"黑龙江省基础教育信息化应用培训会议"在阿城区召开，得以借助这一会议平台向省、市专家汇报，在主持人主持下，说课、辩课活动有序进行。

### （一）教师说课

首先，由主课堂授课教师哈尔滨市阿城三中的王世莹老师进行课后说课，她说课的主题是"不同时空 同一课堂——《昆虫记》整书阅读同步课堂教学"。她从"基于学情，确定教学目标""基于认知，选择教学内容""借助技术，调整教学方法""教学效果"四个方面，进行了深入浅出的教学解读。她从基于学情的教学预设说到课堂的生成交流，从教学内容的选择说到教学方法的确定，从一般课堂与同步课堂的区别说到信息技术与学科的深度融合，从教学目标的设立说到教学效果的呈现。这使听课者和辩课者更深入地了解了这节课的内涵和实质。

### （二）数据辩课

主讲教师说课后，教研员董占军老师主持辩课。正反双方围绕辩题"同步课堂下教学活动设计与组织成效是否显著"展开辩论，整个辩论依据智课系统生成的多种数据，从内容选择、小组合作、拓展延伸三个维度分层推进。由于前期的观课、议课，大家对教学内容、课堂呈现以及各种数据分析已很熟悉，每个人的辩论都能抓住要点实证切入，论述颇为有力。每一维度辩论结束，教研员点评提升、穿插过渡，既使三个维度的辩论串成一个整体，又使辩论深入语文教学的本质。反方的总结陈词有破有立，在指出问题的基础上，还能有针对性地提出建议，增强了说服力。辩论中，听讲端教师的体悟式辩课、主讲端教师的授课反思丰富了此次辩课的内涵，充分体现了同侪研修的效果，最后教研员的总结提升言简意赅地指出了同步课堂教学应该把握的要点。整个辩课流程衔接紧密，推进有序（图 4-8），整体辩课务实而又有一定的前瞻性。但是，这样的辩课对于教师的思辨能力、语言表达能力都有较高的要求，加之智课系统的数据分析具有一定的局限性，且对于教师又是一个新的领域，在研修中一定要严谨地稳步前行。

图 4-8　辩课流程

下面简单描述一下正反双方二辩辩课经过及教研员的点评，窥斑见豹，呈现辩课过程。

正方二辩紧承反方一辩的阐述，从小组合作探究的角度，先借助主课堂表现曲线图（图 4-9），抓住曲线变化的时间节点，从主讲端教师、主副课堂学生的活动入手，阐明本节课学生两次小组合作的时间近 12 分钟，实实在在，不走过场。并且在教学活动中，师生互动，生生互动，隔空互动，在多边的互动中，无论学生身处城或乡，都在合作交流中收获了知识，也收获了欣喜和自信。接着又通过"主副课堂表现曲线图"（图 4-10）阐明，在大部分时间里，主副课堂表现趋于一

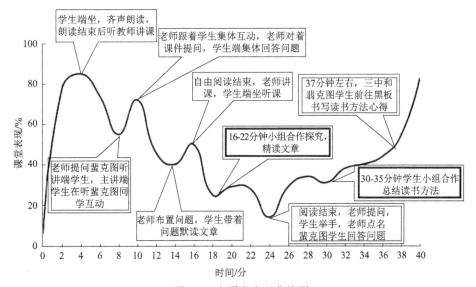

图 4-9　主课堂表现曲线图

致。在小组汇报中，两个课堂相间共有 7 个小组汇报了合作所得，其中副课堂 3 个、主课堂 4 个，充分显示了同步课堂下的小组合作学习的效果，进而说明同步课堂下的教学活动设计与组织成效显著。

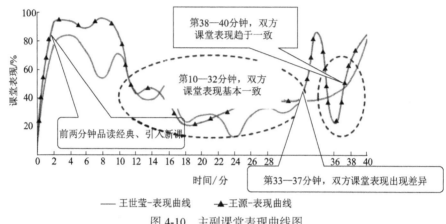

图 4-10　主副课堂表现曲线图

　　面对正方二辩的辩词，反方二辩毫不退让，借助"课堂观察记录表"（表 4-5）指出：主课堂生生互动所占比重是 4.28%，副课堂生生互动所占比重是 7.31%，显然，副课堂生生互动更具优势。这说明教师设计研讨的问题对主课堂学生而言难度不大，根本不需要小组合作，互动的比重自然不高；并点出症结在于小组活动的问题设计没有分层，对于城乡学习能力差异较大的同步课堂教学而言，小组合作探讨相同的问题是不合适的。

表 4-5　课堂观察记录表

| 序号 | 观察维度 | | 王世莹/% | 王源/% | 师生教学行为占比：王世莹 vs 王源 |
|---|---|---|---|---|---|
| 1 | 学生行为 | 生生互动 | 4.28 | 7.31 | |
| 2 | | 听讲 | 36.45 | 38.80 | |
| 3 | | 举手 | 4.56 | 0.26 | |
| 4 | | 应答 | 19.95 | 2.78 | |
| 5 | | 读写 | 34.76 | 50.85 | |
| 6 | 教师行为 | 板书 | 0.86 | 1.01 | |
| 7 | | 巡视 | 37.90 | 53.89 | |
| 8 | | 师生互动 | 8.27 | 5.04 | |
| 9 | | 讲授 | 52.97 | 40.06 | |
| 教学行为分析结论与建议 | | 结论：<br><br>建议： | | | |

　　接着，反方二辩又从 Rt-Ch 图（图 4-11）切入，进一步指出因主课堂教师对副课堂小组合作的参与、指导不足，师生互动过少，导致两个课堂师生行为转换率差距很大：主课堂是 28.17%，副课堂是 10.00%，因教师指导的缺失，副课堂小组合作基本流于形式，难以深入。并且合作也仅限于小组内部，组与组之间缺乏互动和质疑，所以反方认为这节同步课堂的教学活动设计与组织成效不显著。

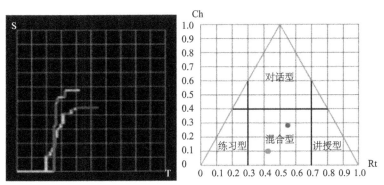

教师行为占有率Rt：54.93%　　　　　　　　教师行为占有率Rt：42.50%
学生行为占有率：45.07%　　　　　　　　　学生行为占有率：57.50%
王世莹-《昆虫记》导读 ■师生行为转换率Ch：28.17%　王源-《昆虫记》导读 ■师生行为转换率Ch：10.00%

图 4-11　Rt-Ch 图[1]

　　正反双方二辩交锋后，教研员及时跟进点评过渡，明确本节同步课堂教学采用小组合作这种学习形式是合适的，因为它可以弥补主讲教师不在副课堂现场的不足，也可以充分发挥副课堂教师的作用。教研员同时也指出，反方提出主讲端教师要更多干预和指导听讲端的小组活动不现实，提出应在协同备课时，主讲教师要根据教学活动的设计，和副课堂教师讨论，充分预设副课堂教师的活动。最后教研员强调，小组合作要有明确的分工，学生各司其职，不能让少数学生把持话语权，热热闹闹走过场。并对反方二辩提出的"加强小组间的碰撞、质疑和评判"给予充分的肯定。整个辩课过程中，正反双方借助数据，根据自己对课堂教学的理解，针锋相对且有理有据，加之教研员的点评过渡，使得整场辩课亮点频出。

---

　　① 教师行为占有率为 Rt，师生行为转换率为 Ch，可以用于师生行为统计及教学模式判定。设定教师行为（T）的个数为 Nt，学生行为（S）的个数为 Ns，连续同一行为的连数为 g，课堂中教师行为占有率的计算公式为 Rt ＝ Nt /（Nt ＋ Ns），师生行为转换率的计算公式为 Ch ＝（g－1）/（Nt ＋ Ns）。

# 第四节 研修反思

## 一、信息技术，推进教研

移动教研平台的观摩课和评课议课，线上线下相结合的研修，推动了信息化与学科教学的融合与创新。智课系统的数据分析又为教师研修打造了一面新"镜子"，帮助教师自身和教师之间更科学地比较、反思，也促进教学质量和学生学习质量的双提高。而数据加经验的辩课，让教师们在这次活动中，更深刻领略到现代化信息技术的强大：为传统的教研模式打开一扇别致的窗子，使观课、议课由传统的经验型向实证型转变，使教研向网络模式、智慧模式迈进（图4-12）。

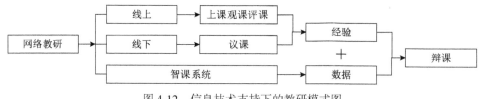

图 4-12 信息技术支持下的教研模式图

## 二、协同备课，共同提升

对于《昆虫记》名著阅读一课，工作坊老师们在进行同课异构后，又进行了同课同构。细致打磨、协同备课，形成了既有共性又有个性的备课模式。协同备课为教师同侪研修提供了一个互相交流的平台，特别是网络教研下，凝聚教师合力，营造了良好的教研氛围，更重要的是助力年轻教师在教学教研之路上策马扬鞭，奋力驰骋。

## 三、同步课堂，资源共享

本区城乡教学环境差异较大，同步课堂让不同地域的师生"空中牵手"，实现了优质资源共享的教育愿景。同步课堂中，主副课堂的白板同步、课堂直播同步、不受地域影响的线上观课议课同步。凭借信息技术，线上上课辅导与线下作业批改同样能够同步。依据主副课堂的数据分析，工作坊老师们发现智课系统让不同时空、同一课堂真正实现了优质教学资源共享，极大地推动了全区城乡教育的均衡发展。

## 四、以辩促研，以研促教

辩课为教师提供了一个崭新的学习平台，更是一次思维碰撞的深度教研。工作坊老师们在辩课过程中，正反双方从不同维度辩论了"同步课堂下的教学活动设计与组织成效是否显著"这一辩题。通过辩课，老师们对同步课堂教学的本质有了更清晰的认识，借助数据加经验的思辨，也培养了老师们的批判性思维，有力提高了教师专业素养与教育教学能力。

总之，这次活动对阿城区初中语文学科工作坊的意义非凡。当然，在数据的有效使用中，我们也充分认识到，数据多指向师生的外显行为，对于师生的言语、思维、情感等内隐性的东西现阶段还无法观察和分析。因此对于数据的使用，还必须加上我们已有的经验判断，不能完全依赖数据。让数据为教育教学服务，而不是被数据所束缚。另外，对"智课系统"所提供的数据，目前团队还缺少更精准的分析和深入的使用，如对参与度散点图的分析及个别学生参与曲线的分析还不够细致，这样不方便对个体表现的课堂追踪。这些都需要我们在今后的教学中不断学习、研究、实践，从而提升教师的信息技术应用能力，使信息技术更为有效地服务于教育教学。

# 第五节　案 例 思 考

信息技术为教育教学提供了新的形式，但是如何有效地利用是我们必须深入思考的问题：①基于直播课堂的同侪研修怎样更好地发挥团队的力量？②如何对"智课系统"提供的数据进行有效的分析和辨识？③有效的辩题具有什么样的特征？④围绕辩题，怎样选择合理的辩论维度？

# 第六节　案例使用说明

## 一、适用范围

本案例的课例依据统编教材内容，适用于中小学语文教学，对同步课堂下的课外阅读教学帮助更大，也适用于有智课系统地区的教育教学。

## 二、研修目的

深入探索同步课堂下整书阅读的教学方法，培养教师的批判性思维，逐渐形成数据加经验的实证式辩课能力，改变原有教研模式，促进教师的专业化成长。

## 三、活动要点

选好辩题，准确分析数据，围绕辩题找到合适的辩论维度。

## 四、活动建议

这是一种非常有效的教研模式，消除了传统的经验型观课、议课缺少实证而难以深入的弊端。但是，这样的活动对参与教师的专业能力和表达能力都有较高的要求，并且在辩题的选择上一定要仔细推敲，避免辩题不严谨使辩论无法有效展开的问题出现。

# 第七节　专家点评

此研修为直播课堂支持的同侪研修，承担研修任务的是县级初中语文工作坊，借助"智课系统"和"移动教研"线上网络平台，与省科研课题相结合，在同步课堂课外阅读教学研究上二次创新。整个研修过程以辩课为核心，有序推进，逐层深入。同课异构、同课同构既有个性又有共性的协同备课模式，以及借助数据的辩课使观课、议课由传统的经验型向信息技术支持下的项目研修型转变，改变了传统的教研样态，使教研向网络、智慧模式迈进。

# 致　谢

感谢哈尔滨市阿城区同侪研修团队成员的积极参与，他们是：阿城三中王世莹和娄玉红老师；阿城区新华一中曹志勇、郭宇、李晶波、赵春生等 4 位老师；阿城区蜚克图中学王源老师；阿城区亚沟中学刘颖老师；阿城区第六中学赵艳丽老师。

# 第五章

# 直播课堂支持的特色互助同侪研修应用研究

## ——以青岛市市南区为例[①]

① 作者：杨瑜，男，青岛市市南区教育研究中心教师；贺芳，女，青岛嘉峪关学校教师。

# 第一节　研　修　背　景

在互联网时代背景下，教育信息化的发展带动技术融入校园、走近教师、落地课堂，信息技术在影响课堂教学的同时也影响着区域教师的研修活动。传统的研修模式作为区域教师研修的重要方式有其不可替代的优势和作用，也存在着受时空限制、耗时费力、成本较高等问题。直播课堂支持的研修模式在国家政策支持、区域发展契机、教师内在需求以及信息技术应用等多方作用下应运而生，为区域教师的研修及专业发展提供了新的契机和途径，成为传统研修模式的有效补充，并成为区域教师研修的主要方式，其优势主要体现在研修成本低、组织容易、地域特色交流明显等方面。

青岛市市南区作为青岛教育龙头区域，在信息化建设应用水平及教育资源方面具有独特的优势，希望借助课题申报、试点和研究促进区域间直播授课、特色活动展示、教师交流等教育教学研修活动，有效实施直播课堂支持的研修活动，促进教师共同体的成长。市南区借助直播课堂探索教师专业发展的新途径、新样态，不断扩展技术应用的渠道和范围，深化应用，提升教师研修能力。同时，还将直播课堂应用作为区域教育对口支援的重要渠道，最大化地扩展优质资源共享，促进更大范围的教育均衡发展。

自 2015 年起，青岛市市南区先后同山东胶州、贵州、甘肃、新疆、山东菏泽等地实施直播课堂研修活动，收到良好效果。本项目依托直播课堂开展特色互助同侪研修活动，即由青岛嘉峪关学校和安顺、日喀则、陇南、菏泽的学校组成研修共同体，开展小学语文五年级特色课程综合性学习活动"夸夸我家乡"。

# 第二节　研修活动设计

直播课堂支持下的同侪研修以信息技术为支撑，依照设计流程开展主题活动，需要对研修的过程进行跟踪观察，对效果进行信息收集、分析和反思，完善的闭环流程框架确保研修活动的有效开展和持续推进。

## 一、研修主题及目标

基于教育对口支援和地域间文化交流的需要，青岛市市南区同跨区域的共同体学校以"特色课程交流"为主题开展研修活动，对区域的本土资源及地域文化进行挖掘，依托直播课堂与共同体学校开展交流活动。直播课堂支持下的同侪研修活动的目标是通过研修模式的探索为区域教师的发展开拓新的提升路径，促进教师专业发展。其具体目标是：①促进教师的专业成长。课题组试图通过课题的研究，将区域信息化应用深度融入教育教学，促进区域教育资源应用及共享、丰富教师的教学方式、提升教师的课堂驾驭能力、提高课堂教学质量以及促进授课形式多样化。②促进学生学习兴趣的提升。直播课堂模式下的学生学习，打破地域和师资限制，远程授课窗口的开启使学生能够接受更为优质的教育资源，提升学习兴趣，增强学习效度，加强不同地域间师生的交流，拓宽视野，增强地缘友谊。

## 二、研修团队

青岛市市南区组织的同侪研修团队共 12 名教师，其中有来自青岛市教育科学研究院及市南区教育研究中心的 3 名学科教学专家，来自西藏、贵州、四川等地的 5 名小学语文学科教师，4 名课题研究人员。在研修过程中，团队成员依照专业特长以及研究任务分工协作，工作积极，思路开阔，表现出良好的协作性和专业精神，确保课题顺利推进。

## 三、直播课堂支持下的研修流程设计

本项目以提升教师的专业发展为目标，依托直播课堂支持下的同侪研修活动，开展教学研讨、直播授课、案例分享等活动，形成集科研、教研、培训与信息技术应用为一体的教师研修流程（图 5-1）。

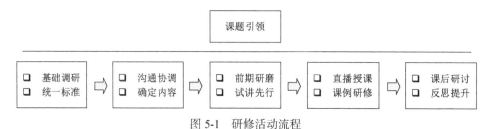

图 5-1　研修活动流程

（一）基础调研、统一标准

实施直播课堂研修前，先对研修双方的软硬件及网络情况进行调研，了解双方录播设备的品牌、网络运营商、技术平台、运维能力、教师信息素养等内容，对出现的软硬件差异问题通过电话沟通、远程协助、视频会议、设备派送、工程师进驻等方式进行解决，最终统一技术标准，打通直播渠道，为两地资源共享铺平道路。

（二）沟通协调、确定内容

信息渠道贯通后，借助直播课堂汇集两地教研员及授课教师，并借助 QQ、微信等方式开展协调工作，分析学生知识背景、教材版本等因素确定研修活动内容、资源，协调授课进度，确保研修方案严谨、可操作。

（三）前期研磨、试讲先行

确定研修主题后，教研员等学科专家指导主讲教师依据学情及学生能力，寻求两地学生共同感兴趣的话题，确定授课内容。然后连同共同体教师对课堂的具体环节、内容、评价、学习方式等进行观察和研磨，帮助主讲教师分析问题、研究课堂重点，优化授课效果，通过教师一人上课，促进教研组教师的共同成长。

授课内容打磨成型后组织连线试讲，双方听评课教师对授课流程、教学设计、师生互动、生生互动等观察点给予评价反馈，形成修改意见，主讲教师根据评课建议结合自身教学实践再次调整上课内容及策略，形成最终授课方案。

（四）直播授课、课例研修

直播授课及研修活动的开展，教研员及共同体教师依照研修目标，关注教师授课状态、知识点突破、师生互动及学生学习效果等环节，观察两地学生学习风格、知识掌握程度的差异等，研究授课教师在活动中的问题处理策略及效果，将课堂观察的内容进行汇总后开展研讨活动。

（五）课后研讨、反思提升

直播课后统一组织授课教师及共同体其他成员在直播环境下实施研讨，由授课教师回顾教学过程、分解教学步骤、反思教学效果，共同体其他教师依据课堂教学观察量表的观测点进行分析、点评和建议，分析授课教师的教学行为，特别是对学生即时评价及追问的适切性做出分析并给出合理建议。

教研员等学科专家根据课堂理念、三维目标、教学方法、课堂容量、学生表现、师生合作、课堂气氛等，结合授课教师的反思和观课教师评课建议思考下一步教学计划。如果时间允许还可对关键授课节点进行录像回放，分析教师语言、学生反馈、教师评价等，对照教学目标，检视教学效果，观测学生课堂表现。

## 四、研修活动评价设计

通过直播课堂研修活动的开展，教师不仅可以增强自身的业务及研修能力，还可以拓宽视野，增强教育情怀，激发教育热情。这种新的研修活动模式，不仅推动了区域教育信息化的发展，促进信息技术与教育教学的深度融合，而且对区域教师信息素养的提升起到良好的助推作用。

活动过程中，课题组从学科适用性、教师提升成效、学生参与度、学生学习效果四个角度对研修活动进行评价（图 5-2）。其中学科适用性通过双方教研员及授课教师的访谈收集，教师提升成效通过双方教研员、授课教师、听课教师的问卷进行收集，学生参与度及学习效果通过教研员观察、听课教师观察记录、学生访谈等信息数据获取，确保研修活动评价的相对客观。

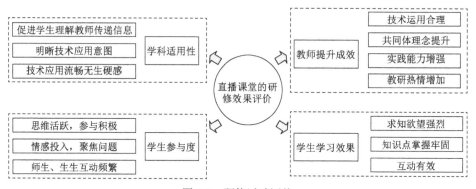

图 5-2　研修活动评价

# 第三节　研修活动实施

本课题组基于初中、小学课堂教学的多个课例开展研修活动，先后进行初中数学"探究规律"、生物"生殖和发育"、语文《大自然的语言》《昆明的雨》，思想品德"关爱他人"、小学语文"夸夸我家乡"、美术"美食中国"等课例研修活动，研修活动均按照直播课堂的研修模式流程实施。

在研修过程中，双方老师借助 QQ、微信、直播课堂等沟通手段进行协调，让两地教研员等学科专家及共同体教师在直播课堂环境下"面对面"地开展观课评课等研修活动，努力将研修质量及效果最大化。以青岛嘉峪关学校联合安顺、日喀则、陇南、菏泽开展的小学语文"夸夸我家乡"研修活动为例，探究直播课堂支持下的同侪研修实施过程及成果。

## 一、调研统一软硬件标准

在研修前期阶段，课题组开展对青岛、安顺、日喀则、陇南及菏泽五地学校录播设备品牌及网络运营商、技术运维人员等信息的调研，其中使用联通线路的有两所学校、使用电信线路的有三所学校，出口带宽均为 20 兆以上，有两所学校录播设备为同一品牌，另外三所学校品牌各一。为确保研修顺利实施，课题组提前两周进行多方研究协商，联合技术、研发等人员采用程序接口对接、增加中间设备、租赁服务等方式将远隔千里的五所学校顺利连线（图 5-3）。

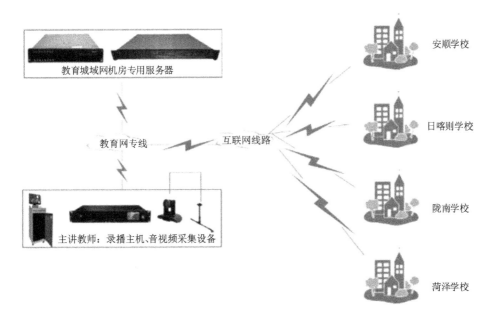

图 5-3　五地连线示意图

## 二、现状分析，确定研修内容

在研讨过程中，课题组成员对主题和课例展示内容的选择做了大量的思考和研讨，在五地教师多次学情分析和思维碰撞后，最终确定将综合性学习活动"夸夸我家乡"作为本次研修的主题内容。

### （一）地域因素差异

五个地区的学生在地域文化、学习、生活等方面都存在着一定程度的差异，选题既要凸显语文学习的特点，更要激发学生的学习兴趣，让每个地域的学生都有研究、表达和展示的欲望。

### （二）教材及进度差异

五地的学生由于教材版本、教学进度不同，知识能力存在一定的地域差异，阅读教学课例很难在五地同时延展开。综合性学习"夸夸我家乡"不仅可以凸显五地不同的地域特色，而且每个地方的学生都有话可说。

### （三）共同的家国之情

每个学生都有自己的家乡，通过综合性学习的研究，对各自家乡能有更深入、更全面的了解，从而增强他们对家乡、对祖国的热爱之情，也符合此次活动互通有无、交流特色的研修目的。

### （四）研修教师的学习需求

阅读教学课例在平日研修活动中较为常见，而"综合性学习"这一板块内容经常被教师们忽略，或者以读代讲、以读代练。如何带领学生进行一次全面有效的综合性学习活动，是小学语文学科教师普遍渴望学习和交流碰撞的。

### （五）明确教学目标

授课教师结合前期区片教研中对这一课型的经验，以及学校多年来一直开展的"童行途中"研究性学习活动所积累的经验，协同学校语文磨课团队确立了此次综合性学习活动的教学目标：①观察家乡，选取有特色的一个方面，抓住特点，有目的地搜集、整理资料。②运用多种方式（如书面或口头方式等），多角度介绍家乡，感受家乡之美，表达对家乡的赞美和喜爱之情。③和同伴一起经历准备、交流、展示的过程，感受合作的快乐。

## 三、研磨试讲，优化学习效果

为了更好地达成教学目标，让学生在这一主题下有效开展此次研究性学习，五地的语文教师通过微信研讨群开展多次线上研讨和集体备课活动。

（一）第一次研讨

第一次研讨，大家各抒己见。"综合性学习对我们来说的确比较薄弱，以前都是一带而过"，"我们确实没有经验，这样的课该怎样去引导学生研究呢？有没有现成的学案可以帮助学生明确任务？"四地的教师道出了教学中的困惑和顾虑。

学生们没有经历过这种研究，教师们没上过这类课，这种课该如何上？青岛市教研员崔志钢老师组织青岛教师团队专门展开了一次专题教研，针对综合性学习的困惑，做了概念应用、研究方法、实施策略等方面的培训指导，进一步明确了综合性学习是语文的五大基础课型之一，要充分利用这次研修契机，把研究性学习的方法、步骤以及经验等分享给其他地区教师，让教育资源的共享从无到有，变有为精。

（二）第二次研讨

第二次研讨，共同体教师确定了整体上课模式：青岛教师作为五地教研主要执教人，其他四地的教师协助课堂活动。模式确定后，共同体教师又进一步做了教案打磨、学生研究性学习活动的前期准备以及试讲等安排，在时间节点上进行了细致规划。

时间节点确定后，青岛嘉峪关学校的贺芳老师围绕"夸夸我家乡"这一主题，初步将教学设计分为"课前互动介绍""家乡连连看游戏""汇报展示交流"（包括"家乡景点""家乡美食""家乡风俗""家乡话"）三个板块内容。

在通过微信群研讨时，教师们对于围绕家乡展开交流的话题产生了分歧，认为关于家乡介绍的几个主题并不能很好地适用于其他几个地区，如"家乡景点""家乡美食"，有的教师反映自己所在地区没有合适的展示点。另外，"家乡连连看游戏"环节是让学生们通过连连看游戏来熟悉五地的特色，但教师们反映这一环节学生们不了解其他地方的特点，经过调整，改为"我为家乡来代言"。

于是，五地的教师又进行了设计思路的调整，将"汇报展示交流"环节更改为各自最具特色的地域特点展示。例如，菏泽地区选择牡丹花卉，安顺地区采用地方戏，陇南地区展示当地美食，西藏地区则通过民族服饰来展现地域特色，青岛地区将学生分为六个小组，进行家乡风景、美食、名人、建筑等子课题研究，作为家乡特色的展示。

（三）第三次研讨

进行备课打磨，四地教师大的困惑就是如何组织学生进行研究性学习，因此，青岛教师在试讲中将带领学生展开研究性学习的过程、环节和进展分享给其他地域教师。同时将研究话题选择、小组子课题选择、小组成员分工以及展示汇报的形式等研究性学习的策略和方式借助图片、文字传递给他们，贺老师还将学校前期开展的综合性学习课例进行了分享。

一次次的沟通，一次次的交流，教师们从课型特点到学情分析，从家乡地域文化到展示形式选择，一次次碰撞使得思路越来越清晰，对课前准备、课堂整体设计、教学流程等环节也越来越明晰。在集体备课思路的引导下，五地学生结合自己家乡的特色分别确定了综合性学习研究的主题，如家乡的景点、风俗、节日、美食、文化等。五地教师依据研究主题，将学生 4—6 人一组组成合作学习小组，下发"预学单"作为课前研究性学习活动的支架。小组成员围绕选取的研究主题，通过实地考察、搜集、筛选和整理资料等方法，从不同的角度研究地方特色，解决研究中的问题，为课堂展示做好准备。

（四）连线试讲

在学生们经过三天的综合性学习后，五地进行了第一次连线试讲。终于要在课堂见面了，也终于可以把自己的研究成果展示给大家了，教师和同学们都异常兴奋。试讲环节整体较为流畅，但在展示的过程中，也出现时间把握不够均衡、四地学生汇报展示形式单一等问题。为了更好地展现此次综合性学习的活动成果，五地教师在青岛市区教研员的引领下再次梳理思路，重点梳理在课堂上进行综合性学习活动的过程，希望借助课堂给共同体教师提供研修借鉴和方法引领。

试讲过后，五地的教师结合试讲情况相互建议，完善思路。经过再次线上教研，整节课的设计思路更具体、细致，师生对课堂展示活动也更有信心。

## 四、直播课堂，探索研修成效

课堂中，五地的听评课教师按照分工，分别从学科适用性、教师提升成效、学生学习效果以及学生参与度的评课角度对课堂实施观察和分析，便于课后进行交流研讨。

（一）代言展示、真情系家乡

"我为家乡来代言"，各地学生展示（口号、方言等形式，可凸显能歌善舞、民族服饰、家乡特色等）。

师：　"我们来自祖国的东西南北，相隔千里，这样一标注，我们彼此的位置就清楚了。不过老师对于你们的家乡却并不了解，接下来，我想把时间交给同学们，你们能不能为自己的家乡代言？用 30 秒的时间介绍一下自己的家乡？展示顺序为：安顺—日喀则—陇南—菏泽—青岛。"

师："各位老师和同学，你们准备好了吗？咱们来说说吧。"（图 5-4）

图 5-4　　"我为家乡来代言"展示活动

**观察教师评价：**各地学生选择了不同的创意表达，用独特的方式在 30 秒时间内展示家乡特色：安顺的学生展示了花灯表演；日喀则的学生借助藏语歌曲介绍西藏；陇南的同学用一段快板展示当地的特色；菏泽学生整齐嘹亮的口号精神抖擞；青岛学生的情境表演突出了大海、海洋动物等地方名片。

这一环节的设计及展示，锻炼了学生们搜集、整理、概括信息的能力，直播课堂这一技术的合理、流畅运用，给予五地的学生一次良好的展示机会，有效地促进了教学信息的传递和学生的知识理解，学生参与度大大增加，感情投入充分，生生互动、师生互动频繁。同时，为家乡代言展示交流活动的研究，也有效地促进了教师研修共同体理念的提升。

（二）小组汇报，展示家乡美

师："我看出来了，说起自己的家乡，每个人都洋溢着笑脸，满怀骄傲。各地同学在老师的带领下，确定了主题，然后进行研究，大家在小组中分工明确，有目的地搜集整理资料、实地采访、体验感受，把研究所得再带回到小组里交流，让展示交流更完美。

"在短短几天时间里，同学们做了充分的准备，看来都已经摩拳擦掌，只等登台了是吗？接下来，就进入我们今天的展示环节吧。哪个小组先来展示一下你们的研究成果？"

青岛："漫步黄金海岸线"——以海岸线主要景点及老城区与新城区的对比展示介绍家乡。

师："这个小组的展示形式很有创意，这张手绘地图很受欢迎。围绕青岛海岸线上的代表性景点，以旧城区和新城区的对比凸显家乡之美，通过它们，我们看到了一个海滨城市的魅力和国际范。"

**观察教师评价：** 青岛学校"家乡风景"这个小组作为代表，将"国际啤酒节""最美滨海赛道"、"奥运会帆船比赛"（简称"奥帆赛"）、"上海合作组织成员国元首理事会"（简称"上合峰会"）作为展示板块，凸显家乡海岸线的国际范，从搜集整理资料，到组稿，再到设计展示形式，学生们俨然成了青岛的小主人，介绍自己家乡的风采。学生们在课堂上呈现的特色介绍，展现出来的自信，赢得了五地师生的一致好评（图 5-5）。

图 5-5　青岛学生小组展示

这个环节教师授课及学生表现热情有序，对家乡的热爱之情溢于言表，师生的课堂表现力、感染力大大增强，有效提升了其他地域师生的好奇心、求知欲和实地探索欲望，五地师生思维活跃，对知识的掌握效度大大提升。

## 五、反思研讨，促进共同体成长

课堂结束后，五地教师在青岛市教研员的带领下进行了直播教研。五位执教教师、五地市教研员及听评课教师们围坐屏幕前，线上线下齐互动。

教师们普遍感觉在前期准备的过程中受益很大，对语文的综合性学习课型有了实质性的了解。学生们在这样别具一格的课堂中，获得了前所未有的综合素养提升，今后将继续尝试开展多种课型的直播课堂研究。

日喀则的老师感叹：学生们听到青岛学生标准的普通话，羡慕得想要好好学习汉语、学习普通话。陇南的老师介绍：班里多数学生没有走出过村镇，直播课堂让他们走了出去，开阔了眼界。青岛的贺芳老师在执教中深深感受到不同地区学生的变化，从试讲时面对镜头的羞涩，到走上讲台和各地同学的互动，课堂调控能力增长得很快。

通过直播课堂支持下的网络教研，老师们表示对于综合性学习课型的研究更深了，对信息化技术的掌握提升了，直播课堂让课堂变大了，让学生的视野变宽了。教研员们表示，直播技术的运用还可以拓展到更多跨区域、跨校的研究和学习中，促进区域间的教育教学交流和提升。

直播课堂支持下的同侪研修课题组进行了多次研修活动，取得了一些成效，主要表现在如下几个方面。

（一）参与师生数量多、学科广

共有 83 名教师参与研修活动，包含主讲教师 21 名，听评课教师 62 名，双方参与学生达 2000 余人。研修活动涉及 11 所初中和小学的语文、数学、英语、生物、思想品德、美术、音乐、科学、综合实践等 9 个学科。

（二）形式多样，模式创新

在直播活动中，研修的形式不拘泥于单向授课及研修的模式，教师们还依据双方学情、授课内容、学习效果等研究出强弱帮扶型、特色互助型、强强联合型、混合应用型等研修模式样式（图 5-6），将直播课堂的研究进一步深化和延展。

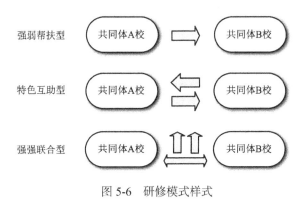

图 5-6　研修模式样式

（三）教师能力大幅提升

在多次同侪研修活动中，教师从开始面对屏幕教学的陌生感到逐步从容适应，从面向两地学生到面向多地学生，从主科授课到特色教学活动展示交流，形式和内容产生了许多新样态，教师的信息素养、学科素养、教学研究等能力均得到大幅提升。学生对跟不同地域的同学开展交流充满期待，激发了兴趣，对异域文化的好奇心大大增强，活动参与积极、状态主动、思维活跃，问题思考的广度及深度明显提升（图 5-7）。

图 5-7　青岛第五十七中学崔一凡与陇南市宕昌县旧城中学教师开展直播课堂同侪研修活动

# 第四节　研 修 反 思

直播课堂支持下的同侪研修活动是教师研修的有效途径，依托研修活动促进教师能力的提升，有鲜明的应用特色，也存在着不足之处，需要在实践应用中挖掘、发挥优势，研判、规避问题，做到有效应用、合理应用。

## 一、特色之处

直播课堂支持下的同侪研修活动将地域特色资源作为教师研修的底色及专题，借助共同体及授课教师作用于直播课堂，围绕课堂中学生的学开展研修活动，提升教师研修能力，研修特点如图 5-8 所示。

图 5-8　直播课堂研修特点

（一）围绕课堂，以生为本

直播课堂环境下的研修活动目标是教师专业成长，场所在课堂，只有围绕课堂教学活动的研修，才是真正具有生命力的研修，只有以学生的学为研究对象的研修，才能为教师研修赋予意义和价值。研修过程中教研员、共同体教师均围绕鲜活的课堂开展活动，从提升学生学习效率及能力中促进专业能力提升。

（二）同侪研修，促进共同体成长

直播课堂支持下的同侪研修模式在本地化应用中对教师的课堂把控能力、课堂教学设计的要求、双方学生的学情研究以及问题调控能力都有较高的要求，需要教师研究更多具有地域特色的学科素材、资料，使教师的教学方法、授课策略、课堂驾驭能力等都有新的提升。研修活动的开展为教师拓展了新的渠道和方式，引发了模式应用的思考，提高了学科共同体教师的研修能力。

（三）技术支撑，运用合理

直播课堂的研修模式应用解决了原有跨区域研修耗时费力的问题，实现了即使相隔千里同样"当面"教研的便利，技术应用作为研修活动的支撑意义重大，在研修活动中不仅充分运用直播课堂技术环境，还充分运用电子白板、音视频远程传输、电子书包学习终端等信息化手段，丰富教师的教学行为，解决课堂中的教学重难点，丰富学生的学习资源，激发学习兴趣。同时还运用录制的视频帮助教师回顾教学环节，反思教学行为，重构教学设计。

（四）挖掘特色，资源共享

直播课堂支持下的同侪研修在授课过程中生成了很多平日常态化课堂中无法生成的教学内容，教师的备课范围不再单纯地以本土的资源为主导载体，而是以适合两地甚至多地的信息资源为目标进行设计，这种课堂资源设计、重构需要教师在研修中充分挖掘地域特色，研究地域资源，实施共同体间的资源共享，为研修教师的专业提升、文化延展、模式再造提供借鉴。

## 二、存在问题

### （一）对研修活动的意义认识不足

研修活动涉及两地甚至多地教师，部分教师带有"搞活动"的心态，在内心深处存在抵触情绪，这种心理是对研修活动意义认识不足的表现。直播课堂支持下的同侪研修每一次呈现的都是不可再现的研修场景，每一次都是对教师能力的考验和提升，只有真正参与才能体会这种跨越时空的研修活动所具有的独特性和唯一性，直播课堂研修活动的开展对教师的成长、眼界的开阔具有特殊意义。

### （二）教师流动导致研修连续性中断

教师交流、流动是减少职业倦怠，增强教育活力的有效手段，对于区域教育的发展具有重要影响。在研修活动中部分主力教师更换单位或岗位，客观上导致直播教学共同体的研修活动中断，只能在课题组的协调下依据研修活动主题进行适时调整。

### （三）教材版本差异等因素影响研修质量

研修活动中，由于两地教材版本不同、授课进度、学生的学情不同，教师的研修内容基于本地学生的能力和认知水平，教师在研修中对教学设计的认识及教学目标的达成存在分歧，造成研修质量降低。

### （四）直播课堂研修中存在语音、画面延迟问题

网络运营商之间的壁垒、实时带宽的应用、设备性能的负载、画面质量的高低等技术因素是造成研修中音视频延迟的原因，需要靠技术的发展及运维人员的测试来解决。

# 第五节　案　例　思　考

直播课堂支持下的同侪研修是互联网环境下教师研修的产物，是传统研修模式的扩展和延伸，是跨区域研修的便利、有效模式，有优点也有不足。

## 一、主次关系的明确和分工定位

直播课堂支持下的同侪研修在国家扶贫、区域课题推进工作中占据政策支持、团队优秀、技术力量强等有利因素，推进顺利。脱离帮扶政策及课题背景的直播课堂支持下的同侪研修能否持续实施有待验证。在研修过程中双方主次关系的明确尤为重要，哪一方在活动中占据主导，参与方要进行哪些准备，双方的关系定位和角色分工需要明晰。关系错位将导致研修混乱，出现形式大于内容的现象。

## 二、研修数量与效果的比例关系

直播课堂支持下的同侪研修活动是基于研修主题开展的，主题的遴选、地域文化的挖掘和应用决定着研修的数量和质量。如何在研修活动中确保质高量少的持续推进是课题组一直追求的目标，浅显低质的研修活动会导致教师研修积极性的减退、参与度的降低，影响研修活动的开展。

## 三、线上教研与线下教研的衔接问题

直播课堂支持下的同侪研修活动基于网络线上开展，基于主题和研修活动需求开展，研修教师在线下的研修如何跟直播教研良好对接，如何将线上研修收获有效地移植到课堂，评价的指标和维度如何把握，是需要进一步研究的问题。

## 四、学生之间的互动交流受限

研修活动的目标是促进教师的专业能力提升，学生在研修活动中参与师生之间的互动、生生之间的互动，因为直播条件的限制仅在本地范围内实施，如何跟线上同学有效地进行互动，提升学习效能，是值得思考和研究的问题。

# 第六节　案例使用说明

## 一、适用范围

本案例的课例依据统编教材内容，适用于初中和小学同学科、同教材或者同主题内容的学科教学。

## 二、研修目的

本案例依托国家政策支持及地域课题推进的实际开展，用于促进区域间教师专业提升、学科研究以及信息技术与学科教学的融合。

## 三、要点提示

本案例的关注点是在新的时代背景下，教师如何借助直播课堂实施跨区域的同侪研修，提升教师专业素养，促进共同体成长。关键能力点是基于网络直播平台，参与教师能运用好平台开展直播授课，灵活地实施"一对多"的班级授课，适时调整和运用教学策略，促进学生有效学习。研修思路是"调查现状—统一标准—沟通协调、确定内容—研磨试讲—直播研修—反思提升"。

## 四、研修建议

考虑区域及学校日常事务因素，建议以"课前、课中、课后"三个阶段开展实施。

（1）课前：协调共同体教师，拟定研修计划，制作"分工明细时间表"，并依据"分工明细时间表"开展主题研修、课例研磨、试讲议课等活动，为课中直播及研讨反思奠定基础。

（2）课中：依据研修规划，按照月份安排进行主题分解、任务突破，参照研修流程进行操作，研修中围绕研修主题分解研修环节，教师按照评价标准开展评课反思活动。要确保技术人员完成课堂聚焦及视频录制，以方便回顾反思。

（3）课后：做好研修小结以及资料汇总和资源分享工作。

# 第七节 专 家 点 评

本次五地研修活动，充分运用了基于网络支持的直播课堂，将综合性学习活动跟教育技术融合应用。这种研修模式具有明显的时代特征，一方面促进了不同地域间教师共同体的能力提升；另一方面为跨区域的网络研修开辟了新的路径和方法，对于师生视野的开阔、学习兴趣的激发、实践能力的提升都有积极的意义。

研修活动将科研、教研、培训和直播课堂技术环境应用有机整合，在一定程度上促进教师多方位、多能力的提升。此次网络同侪研修活动的开展将综合性学习进行了很好的诠释和展示，凸显了本地同侪和异地同侪的模式特点，技术的运用流畅自然、环节应用适合贴切，无为了技术而技术的刻意感。

五地展示活动的最大意义是特色展示交流，真正的师生能力提升却在综合性学习的过程中，研修思路清晰，活动目标明确，教学评价多元，学生展示充满热情和真情，课堂氛围活跃有效，活动的开展很好地促进了本地教师及区域间教师的教育教学提升，这种直播课堂支持下的同侪研修模式应用意义重大，具有很好的推广应用价值。

# 致　谢

感谢青岛市市南区同侪研修团队成员的积极参与，他们是：青岛市市南区教育研究中心于泳、徐慧颖、颜秉君等三位老师；青岛嘉峪关学校贺芳老师；甘肃省宕昌县第一中学郑兴忠老师；青岛基隆路小学李红梅老师；青岛市教育科学研究院崔志钢老师；西藏日喀则桑珠孜区实验小学仁增普赤老师；甘肃陇南武都区葆真小学李雅倩老师；山东菏泽东明县菜园集镇中心小学代少芳老师；贵州安顺市实验学校裔上锦老师。

# 第六章

# 基于直播的互助启发式校际研修模式设计及应用①

---

① 作者：吕炳群，男，浙江省宁波市镇海区中心学校信息技术教师；尹恩德，男，副研究员，浙江省宁波市镇海区仁爱中学党总支书记，浙江省教育信息化专家委员会委员。

# 第一节 研修背景

教育部在 2018 年发布《教育信息化 2.0 行动计划》，推动了教育信息化向全面提升师生信息素养转变、向创新发展转变，教师研修也逐渐从现场向网络化、校际化延伸。浙江省在 2019 年 3 月开展全面推进"互联网+义务教育"，近千所中小学校结对帮扶，让城乡孩子共享优质教育资源，让基于直播环境的"互联网+教育"深入教学一线。宁波市镇海区在 2019 年由 9 所学校组建"互联网+义务教育"结对学校，大力推进网络直播技术在课堂教学、网络研修方面的实践应用，在城乡均衡教育方面取得良好效果。

在"互联网+"背景下，传统的授课方式发生了改变，从原来的一位教师面向一个班拓展为一位教师面向多个班的学生授课；从普通课堂向互动课堂转变。这为教师的执教能力以及学生的学习习惯，带来了新的挑战，对教学效果也产生了巨大的影响。因此，各校都开始探究如何运用直播技术开展城乡教学以及网络研修的有效实施。

在实际使用中我们发现，传统的教学与基于直播环境下的校际教学的区别主要在于课堂互动的有效实施，急需解决的是学校间的学情把握，以及教学反馈的及时呈现。在直播环境下，更加考验教师的课堂调节能力、教学设计能力、教师的学生指导能力。通过直播环境下的校际研讨活动能够在最短的时间内提升教师良好的课堂反应能力、对学生的指导水平，以及促进课堂教学的反思与提升。特别是基于"互联网+"背景下的教师校际同侪互助，能有效促进年轻教师的成长，对城乡教师课堂执教能力的提高带来非常大的帮助。

# 第二节 研修活动设计

## 一、研修主题及研修目标

宁波市镇海区城区优质小学镇海区中心学校与农村小学镇海区灏浦中心学

校，基于区域优质师资共享与优质新教师培养的需求，以美术课"家乡的古塔"为主题开展互助启发式校际研修活动。目的是通过校际合作提升美术、综合学科教师的理论素养和实践能力，促进新教师的快速成长和教师共同体的共同发展。通过构建校际教师共同体开展网络直播研讨，促进青年教师从教学设计、课堂教学、网络研讨、课后反思的网络研修过程中互助提升。

（1）同侪互助，促进青年教师成长。借助"互联网+"互动课堂教育平台，探索青年教师同侪互助、协同进步的校际研修方式，实现跨校区、跨校培养年轻教师执教能力的新模式，并形成教师成长共同体。

（2）聚焦课堂教学，相互启发思维。聚焦课堂教学，进行微格研修、协作研讨，注重相互启发与思考。不仅提升执教教师教学水平，也让参与研修的教师获得经验与提升，从而形成良好的网络研修氛围。

（3）"捉虫式"评课，互助成长。敏锐诊断教师教学过程中的不足和缺点，真诚帮助执教者对症下药提高课堂教学质量，培养执教者的胸怀气度、心理承受能力。精准提升教师的执教能力，丰富参与研修教师的知识结构，不断优化教师的教学方法，提升教学研究能力、批判性思维能力。

## 二、研修团队组成

研修团队主要由宁波市镇海区中心学校的主校区综合组、新城校区艺术组及镇海区澥浦中心学校的艺术组教师组成。根据各校区青年教师同侪互助提升的需求以及教学相通性和学科融合性，发挥主校区名师资源，将研修参与对象从美术学科扩展到科学、音乐、信息技术、体育学科，从而形成综合组。镇海区中心学校主校区教学教导主任、新城校区艺术组组长、镇海区澥浦中心学校教学教导主任为协同负责人，三个校区相关研修教师组建成互助启发式网络研修共同体。研修团队排定研修计划大课表，在网络直播技术支持下开展互助启发式网络研修活动。

## 三、研修角色的作用

### （一）主持人角色

主持人由年轻教师轮流担任，在研修活动前通过教师共同体指定，并由主持人发起活动，确定执教教师的教学时间，进行三方的技术协调沟通，以及主持校际研讨活动。主持人角色的重要性在研修活动中主要体现在以下几个方面。

（1）完善协作计划，及时沟通。主持人要集思广益，完善研修活动安排及进行三方协调沟通，引导研修活动有序开展，并对过程中遇到的各种问题进行协同处理。这锻炼了教师的工作能力、协调沟通能力和突发情况处理能力。

（2）互相激励，共同提高。在校际研讨过程的交流中，主持人让每个人对交互过程中的指导策略、教学方法进行思考，此时的评课研讨已从以前的知识、经验转化为理念、思想的共享，这对教师的成长具有很大的促进作用。它让教师获得应有的专业尊严和自信心，并逐渐发展出相互扶持的共同体意识，从而有效构建与管理自身的专业知识。针对"捉虫式"评课给执教教师带来的心理压力，主持人还需合理引导、互相激励，促进研修成员的共同提高。

## （二）启发者角色

启发者由学科富有经验的教师担任，可由主持人邀请。启发者在校际研讨活动中发挥策略指导、启发引导以及有价值的议题引导的作用。

（1）建立新旧联系，进行推理。在评课教师的点评活动中激活过去的知识经验，将最新的知识与原有知识进行类比推理，促进教师对课堂观察的深入。

（2）打破思维定式，形成新思路。不断启发教师思考，并积极鼓励参与研讨的教师打破思维定式，激活教师思维，培养教师根据启发者给出的提示信息，转换原有思路，进而使用新思路进行课堂教学思考。

（3）领悟并形成个人认识。与启发者的互动，诱发研修者思考、交流，辩证地看问题，从而逐渐从被动的教学观察向主动的思考发展，在研讨中领悟新思路、新方法、新途径，从而形成教师的个人认识，促进教师思维发展和执教能力的提升。

## （三）执教者角色

执教者根据研修计划，通过教学的方式呈现自己对课程的理解、对学情的把握。在研修活动中，执教者通过教学设计—课堂教学—教学研讨—教学反思，贯穿校际研修全过程。这对执教者的能力提升、思维拓展带来很大的帮助。

## （四）研修成员

研修成员主要参与听课和校际研讨活动，在校际研讨活动中，通过主持人的安排轮流发言，并在启发者的启发下不断思考，在相互交流中不断提升自己的教学水平，突破已有的思维范式，逐渐从多角度、多层面看待教学中存在的问题，在研修活动中互助启发，共同提升。

## 四、研修模式设计

本研修项目以提升课堂教学质量与教师执教能力为目标。通过戴明环（又称PDCA 循环）管理方式进行课堂教学的整体质量监控与有效提升，最主要的是通过互助启发式研修激发教师思维，进行观点碰撞和思想汇聚，使教学研修从自助启发向互助启发发展，从而形成教师同侪互助的研修氛围，促进教师执教能力的提升。主要流程为 PDCA（制定教学设计—开展教学实践—进行校际研讨—总结改进再进入下一轮）循环互动研修方式（图 6-1）。

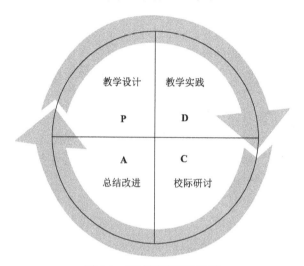

图 6-1    区域同侪研修流程

通过完善的 PDCA 循环进行研修过程管理，能够有效提高研修效率和研修质量。其中，校际研讨活动采用的互助启发式研讨（图 6-2）是本案例的核心，通过直播网络研讨方式，以主持人模式进行整体协调，通过启发者的引导促进共同体内教师之间的思想碰撞、理念启发，提升组内教师的同侪互助积极性与竞争性，取得突出效果。

其中的循环式研讨经过组内研讨—组际研讨—校际研讨逐步深入。在一个研讨循环周期内，通过主持人发起话题，让参与研修的教师对课堂进行"捉虫式"评课。启发者根据教师的评课内容和交流情况，进行启发引导，通过关键词、行为、激励、同侪互助等方式促进研修教师深入交流，主持人进行协调并形成思想汇聚，然后进入下一个环节的研讨活动。通过研修规模的逐步扩大，形成从单学科研修向跨学科、跨校的研修发展。

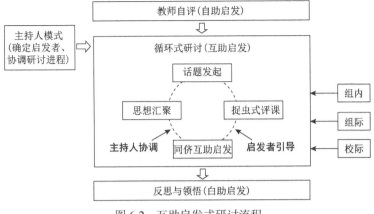

图 6-2　互助启发式研讨流程

## 五、研修活动评价设计

互助启发式校际研修，教师既可以通过评课交流获得知识与经验，也能在启发者的引导下不断思考，总结归纳，突破已有的理论与知识结构，形成新的思想、新的方法。全体研修成员都是平等的，形成了同侪互助的环境，促进教师之间的共同学习、共同成长。

在研修过程中，从主持人的思想汇聚与话题引导、启发者的目标导向及引导有效性、研修同伴之间的互助启发效果三个维度进行评价。将研修过程中的关键事件、关键的发言记录、反思作为活动的评价成果，这些成果将促进教师执教能力的提升与教学思维的成长。

## 第三节　研修活动实施

本课例基于"互联网+"互动课堂，以美术"家乡的古塔"为实施案例，采用 PDCA 循环管理方式进行互动网络研修的整体管理，同时在互动研修中注重同侪互助和启发思考，培养教师针对教学方法与教学思维继续研究与研讨的习惯，促进青年教师、城乡教师协同成长。

## 一、组织人员，确定方案

根据研修的大课表安排，镇海区中心学校主校区研修负责人与新城校区负责人、镇海区澥浦中心学校负责人协商上课时间，制订研修流程与计划。确定本次研修活动参与者角色分工：主持人，刘思思老师；执教者，陈玲老师；启发者，刘芸老师；参与者，研修共同体成员。

## 二、明确主题，教师备课

执教老师根据主题"家乡的古塔"，寻找相关资料，制作教学课件、完成教学设计。根据大课表列出的班级，了解主校区班级的学生学情，与镇海区澥浦中心学校进行学生互动交流。

利用"互联网+"的直播功能，两校学生进行互动交流，执教老师了解了学生的学情，对课堂教学中可能遇到的问题有了初步的思考。随后根据互动交流的结果，执教老师完善教学设计（图6-3）。

图 6-3 教学设计流程

## 三、直播互动，实践教学

### （一）根据教学设计开展教学实践

执教老师根据前期通过调研进行的教学设计（表6-1），组织校际网络研修共同体三方通过直播方式在微格教室开展课堂教学观摩。执教教师在镇海区中心学校主校区的学生及镇海区澥浦中心学校的学生之间进行同步教学。在课堂教学中，关注学生课堂学习内容的生成、教学设计的实践效果。特别是执教教师如何根据教学设计促进直播环境下的两校学生之间良好的互动，以及因直播课堂声音传输延迟的影响如何调整课堂教学策略。

表 6-1 直播环境下的互动教学设计

| 教学环节 | 教师活动 | 学生活动 | 设计意图 |
|---|---|---|---|
| 拼摆游戏导入 | 教师活动：（请学生进行图片拼摆，拼出一座塔）你们拼出了什么？<br>教师活动：那你们知道这是哪里的塔吗？<br>教师活动：这是我们家乡的古塔（镇海鳌柱塔）。<br>教师活动：那你们有没有发现塔从下往上有怎样的规律呀？ | 学生活动：进行拼摆活动。<br>学生活动：回答问题。<br>学生活动：回答问题（发现它由下至上是从小到大的关系） | 通过拼摆游戏直观感受塔。直接揭题"家乡的古塔"，直观比较发现塔的特征 |

续表

| 教学环节 | 教师活动 | 学生活动 | 设计意图 |
|---|---|---|---|
| 新授 | 教师活动：走进塔的历史，讲述塔的由来和发展。<br>教师活动：你们还见过哪些塔呢？你知道关于塔的故事吗？ | 学生活动：回答问题 | 了解塔的有关历史，结合学生家乡的塔，回忆、讨论古塔的故事、传说 |
| 欣赏古塔 | 欣赏古塔<br>教师活动：请同学们来给这三座塔连连线。<br>教师活动：你还知道哪些材质的塔呢？<br>教师活动：北京故宫博物院原院长单霁翔，他给我们带来了三个锦囊（塔的结构、塔的造型、塔的层数） | 学生活动：连线<br>学生活动：回答问题<br>学生活动：找锦囊中提供的线索 | 欣赏祖国各地不同特色的古塔，丰富学生的知识，拓宽学生的视野。用开放式的问题便于学生进行深入学习探究，通过观察比较，进一步了解塔的建筑特点 |
| 教师示范 | 教师活动：以塔为元素设计一件文创作品，通过微视频观看画塔并制作成了一张明信片。请为自己的家乡设计一张塔元素的明信片 | 学生习作 | |
| 作业评价 | 请为自己的家乡设计一张塔元素的明信片。要求：①造型生动、构思有新意；②画面饱满；③用绘画的形式创作塔 | 互评作业 | 通过具体的实践活动深入塔的造型特点，教师在巡视过程中进一步了解学生已有的美术学习基础，发现美术学科的优秀学生，寻找今后的教学增长点 |
| 课后拓展 | 教师活动：欣赏世界各地著名的塔。<br>小结：通过这节课的学习知道了塔的历史和相关知识，懂得了塔的建造凝聚着劳动人民的智慧，了解了家乡的塔，塔需要我们去发现、了解、保护、继承和发扬 | 学生活动：欣赏世界各地著名的塔 | 拓展延伸，使学生进一步感知美术活动的多元化 |

## （二）充分体现直播特色，加强学生互动

在教学中，充分体现直播特色，陈玲老师一会儿请镇海区中心学校的学生回答，一会儿请镇海区澥浦中心学校的学生交流，注重学生的课堂学习内容生成，体现学生的参与。让课堂教学从小课堂向大课堂转变，课堂教学更加注重学生的互动与交流，培养学生勤思考、爱思考的好习惯（图6-4）。

全体参研人员要在观摩课堂的过程中，认真记录课堂各教学环节，从多个角度观察课堂教学，挖掘提升空间，并为下一步的研讨活动收集资料、提炼发言内容。

图 6-4    镇海区漪浦中心学校学生进行远程交流

## 四、互助启发，循环研讨

### （一）主持人明确研讨流程

根据研修活动要求，开展互助启发式校际研讨活动（图 6-5）。由主持人确定整体研讨流程，从自主启发—互助启发—自主启发的闭环提升，从美术学科单学科交流向跨学科、跨校的互助启发的交流方式转变进行说明，并明确各角色在研讨过程中的作用与任务。

需要特别提出的是，在研修过程中，"捉虫式"评课通过寻找教学实践中的改进之处，去启发并完善教学设计、教学过程，提升教师的执教能力。启发者不断抛出话题，引导同伴们思考。对于教学情节，给出引导性的提示语，启发青年教师思维拓展。

图 6-5    互助启发式校际互动研讨

（二）教师自评

执教老师对自己本次课堂教学进行小结。对照教学设计和学生学情，从课堂开放、互动生成、重心下移等方面对教学过程进行自我反思。这有利于教师为以后的教学实践积累经验。

陈玲老师："'家乡的古塔'选自浙美版教科书第七册第四课，让学生从生活环境出发，通过收集相关资料，了解家乡古塔的历史与文化，使学生进一步认识古塔这一建筑形式。在课堂设计中，我深入挖掘地方资源，让学生在感受传统历史文化特色的同时，激发学生对家乡人文遗产的情感和对家乡的热爱之情。教学从拼摆游戏导入，通过拼摆游戏直观感受塔；随后观察塔的特征，由下至上是从大到小的关系；接着了解塔的有关历史，回忆、讨论古塔的故事、传说，进行塔的连线活动，欣赏祖国各地不同特色的古塔，丰富学生的知识、拓宽学生的视野。用开放式的问题引导学生进行学习探究，通过观察、比较，进一步了解塔的建筑特点。紧接着通过单霁翔的三个锦囊引导学生探索塔中的其他秘密，然后以明信片为基础画出家乡的古塔。最后进行拓展延伸：塔的建造凝聚着劳动人民的智慧，同学们了解了家乡的塔，去发现、保护、继承和发扬。

"本次课考虑到两校学生的学情差异，在教学设计中降低了教材的难度。整节课学生学习兴趣比较浓厚。在校际网络同步课堂，我同时面向两所学校的学生，师生之间和两校学生之间的互动交流比较少。"

（三）循环式互助组内研讨

由主持人发起话题，让参与研修的同学科组内青年教师对课堂教学中的优势和不足提出看法。在此过程中，青年教师由于教学经验不足，会存在评课的针对性不强的情况，此时启发者将发挥重要作用。针对研修内容和主题进行启发，引导点评教师与执教教师之间逐步深入思考与互动，使双方形成互助启发，提高参与研讨教师的思维活跃度。在研讨活动中，刘芸老师从美术学科教学角度进行点评（表6-2）。

表6-2　组内研讨记录

| 教学设计 | 亮点环节 | 改进之处 |
|---|---|---|
| 导入新颖、有效：画一个完整的古塔，对四年级学生来说有一定难度，这节课的难点就在于学生认识塔的结构特点，找出塔的结构规律。陈老师一开始用游戏拼摆的方式导入，一方面激发学生上课的兴趣，另一方面让学生更加直观地感受到塔的造型 | 神秘嘉宾的出现，三个锦囊，三个提示，把塔结构上的难点一点点解决，环环相扣，化难为简 | 作为一节网络同步课堂，与传统的美术课有所不同，不同在于两校学生之间的互动交流，而这节课在互动方面比较缺少 |

启发者刘芸老师通过语言引导、归纳，让青年教师不断探究、思考美术课教学中的环节处理、导入方式以及学生间的交流，鼓励研修成员提出问题、想出办法，提升教学设计的合理性与有效性。在研讨中刘芸老师让教师们体会美术学科特点，并从中寻找是否有促进自身执教能力提高的好方法。

（四）循环式互助组际研讨

主持人将研修对象扩大到音乐、科学、体育、信息技术学科的教师。此次研修活动根据学科教学的相通性，以及其他学科的教学特色，打破普通美术课教学的思维定式，吸收各学科的教学特点。启发者在研讨过程中不断总结、提炼各学科参研教师提出的各种观点、想法和教学应用特色，并与执教教师、青年教师一起研讨如何在教学中进行完善。从多学科角度开展组际研讨，举例如下。

科学教师："在了解学生的先验知识、了解古塔的这一环节中有些重复和冗余，例如塔的故事和传说（杭州的雷峰塔、六和塔）以及塔的来源。我个人感觉这块内容比较松散，是否可以通过老师简单的、有指向性的归纳，从教的角度谈谈具体的内容模块，比如提前制作课件，介绍雷峰塔的传说、塔的由来等。然后当学生介绍的内容不完整时，老师可以进一步补充，这样收放自如，更好地引导学生理解古塔概念。另外，在有关塔的欣赏环节中，不要仅仅局限于这三座塔，是否还可以出示一些其他的作品，这样让人感觉是真正的欣赏，而不是仅框定在老师指定的范围内。可以在欣赏了众多的塔之后，老师再找出三个有代表性的进行分析。"

体育教师 A："我有个想法，就是两个探究：一是在教师的逐步引导下，去探究塔的特点，发现塔有哪些异同；二是对自我的探究，在拿到信息后，探究自己内心的塔，画出属于自己的塔。关于课的结构组成，确实引入的部分略显松散，缺乏顺序性。"

体育教师 B："课中陈老师的课堂把控能力给我留下深刻印象。两个班级场外场内全部关注，这就对课中学生的关注面与关注点有了更高的要求，而陈老师在课中不仅向对面的学生抛出问题，也与另外一个课堂的学生进行提问式的互动，使两个课堂的学生进行实时有效互动。其次通过教材培养学生的美术素养，用了'神秘嘉宾'与'拆锦囊'的环节来推进教学，让学生在层层深入的情景中了解了'塔'的结构及外形特点，体现了'用教材'教结构，通过观察'塔'的结构，让学生能够在日常生活中用'美术'的眼光来观察生活中的事物，也充分体现出了培养学生观察生活事物的能力，以及认识事物的造型能力，这正是美术学科核心素养所要求的，让学生掌握了对一件事物怎样观察、从哪个角度观察，以及怎样用'画笔'来描绘事物的能力。"

启发者在此过程中，总结并提炼各发言教师的关键词，启发并引导全体参研教师思考、研讨。古塔导入环节如何设计？塔的欣赏怎么改进？有哪些探究方式可以采用？预计应用后的有效性如何？提问是否有更好的方法？学生美术素养提升如何体现？怎样培养学生的观察能力？如何进行学生的情感引导？在研讨过程中，培养教师的独立思考能力，通过组际交流拓宽教师视野，形成同侪互助的启发式研讨氛围。

（五）循环式互助校际研讨

主持人将参研对象扩大为跨校教师，请新城校区艺术组、镇海区澥浦中心学校艺术组加入研讨活动。通过之前的交流主题，参研教师从其他校区的教学角度、农村学校的教学角度，以及在已有的教学经验基础上思考改进措施。启发者从校际层面，汇聚多方思考，基于多学科、多校区、多角度，启发全体参研教师多维度分析研讨过程中提出的问题，促进参研教师互相交流，提高思维活跃度；不断将新的思想、新的问题抛出并促使教师们进行讨论，促进教师教学思维方式的不断发展。跨校教师根据课堂观察在直播平台进行现场交流。

美术刘老师："陈老师语言风趣幽默，课堂充满了启发与互动。整节课学生在陈老师'神秘任务'的引导下，一步一步了解了古塔的结构，为后面绘制'家乡明信片'奠定了很好的基础。建议在学生了解家乡古塔的特征及历史文化后，老师可以在塔的结构上做些文章，例如随着塔基的升高，我们能够看得更远，而且作为镇海的渡口来说，可以看到更远的海面，这可以起到防御外敌的作用。"

徐副校长："基于直播环境的教学研讨，让我们看到贵校先进的教学方式与精彩的美术教学，建议在双方的学生交互上让学生有更多的发言机会，在作品展示方面只展现了一个学校的作品并点评，缺少更多的学生作品点评与交流，通过直播教学也希望多给澥浦中心学校的学生进行作品展示的机会。"

启发者从校际研讨的角度，对教学设计、直播环境下的交流方式、评价方法进行启发与引导。促进研修教师产生共鸣，并逐步达成共识。

（六）反思与领悟

启发者由富有经验的学科教师担任，通过仔细聆听青年教师的点评与交流，在研修活动中培养各位教师进行现场反思，讨论自己获得了哪些教学理念、领悟了哪些知识。主持人对关键事件、关键发言进行记录与整理。

## 五、总结与记录

经过整个互助启发式的校际研讨活动，无论是执教教师还是参与研修的其他教师都进行了一次脑力风暴，切实提出了有价值的研讨问题与解决方法，对激发教师的思维活动带来良好的促进作用。全体参研教师需从主持人引导策略、启发者启发有效性、研修同伴互助启发效果三个维度分别进行回顾与总结。将研修过程中的关键事件、关键发言、反思作为活动的评价成果，这些成果将促进教师执教能力的提升与教学思维的成长，为下一次研修活动的开展提供宝贵经验和切实可行的思路。

基于直播环境下的互助启发式校际研修开展了十多次活动，并形成了大量的资料与成果，对青年教师成长、区域师资均衡带来很大的帮助。主要表现在以下几个方面。

（一）参与学科多、人员多，活跃度高、辐射广

研修活动参与的教师不仅是语文、数学等学科，还推广到英语、音乐、美术、科学等全学科。参与教师几乎涵盖学校全部教师。主持人与启发者加入研修过程，让教师活跃度非常高。特别是农村结对学校的教师也大量加入，使研修活动辐射更广、效果更好。

（二）研修方式跨越式发展

从普通的单学科研修向多学科混合研修发展，从组内研修向组际研修、校际研修发展，从单向评课向互助启发式、"捉虫式"评课发展，研修方式有了跨越式发展。

（三）聚焦课堂教学，精准剖析教师执教过程，提升理论高度

以课堂教学为基础，通过组内、组际、校际三个层次的研讨，对教师的学科教学设计能力及课堂执教能力进行多方位、多角度的剖析；对教学过程中各种情况的处理及教学方法的应用、理念的体悟，切实提升了教师的执教能力与教学理论高度。

（四）同侪互助、启发思维，促进教师全面成长

良好的直播同侪互助环境，同学科教师的专业评价及跨学科、跨校的多角度评价，让教师在研修活动中拓展思维，更新思想，并在主讲教师的启发下，全面提

升自身的理论高度。教师们的教学方法、教学策略及执教能力有了全面提高。

# 第四节　研　修　反　思

## 一、特色之处

教师研修是促进教师成长的重要方法，本案例从组织管理、思想理念、课堂分析、研修策略等多角度进行互助启发式校际研修的阐述分析，在一校多区或多校研讨、青年教师培养等方面产生很好的效果。主要有以下几个特色。

（一）以人为本，启发教师自主形成教学理念

在研修过程中，充分根据教师特点，以实际的教学实践为例子，不断启发教师发展具有自身特色的教学思考。在研修活动中汲取各种教学理念的优势与特点，注重教师的自主思考，从实践与理论交流中领悟适合自身的教学方法，逐步形成最佳的教学理念。

（二）锻炼教师全方位能力，让教师敢说、能说

主持人、启发者、执教者、研修者四个角色的循环扮演，充分锻炼教师的全方位能力。担任主持人让教师参与整个研修活动的组织、协调、沟通与评价中来；以执教者的身份实践自主启发，同伴互助提升，切实提高教师的执教能力；研修者进行思维碰撞，逐步提升理论层次，关注教学细节，打磨自身的教学设计；以启发者的角色，关注交流语言，提取关键信息，引导思维发展，提高教师的思维高度，突破定性思维。

（三）体现时代特色，促进区域均衡发展

充分运用直播环境，促进骨干教师与新教师、农村教师的实时沟通交流，加强区域内同侪教师的教学指导与理论研讨，促进师资培养与区域均衡发展。

## 二、存在的问题

此研修项目的环境条件是直播课堂，在实施过程中也遇到一些问题。一开始使用的是钉钉直播平台，能够使用手机在任何地点进行现场直播，但无法进行互动交流。后续采用钉钉的视频电话功能，可以进行互动研讨活动，但在画面清晰度以及资源保存方面存在困难。最终，在"互联网+"环境下的微格教室，教师们才得以有效进行互助启发式校际研修活动。整个研究过程中，我们也发现了一些问题。

（1）依赖技术环境。简单化的钉钉直播只能单向交流，而视频电话无法留存资源。"互联网+"的研修要求学校都建设有专门的微格教室，进行直播互动。因此，案例的推广依赖技术环境的建设。

（2）对启发者素质要求较高。本案例的核心在于互助启发，重点在于启发者的引导。启发者需要是有经验的优秀教师，但每位优秀教师实际上在长期的教学过程中也形成了一定的思维定式，因此，在研修活动中需要不断更换启发者。

（3）研修活动协调性较高。研修不能局限于执教学科，要扩展到全部学科，对研修活动负责人的协调能力要求较高，需要提前制定研修活动大课表，与双方学校提前沟通，与校内各学科教师确定具体研修时间，这都给研修活动负责人带来很大的挑战。

# 第五节　案　例　思　考

（1）随着技术的成熟，直播环境将会越来越快地走进校园。在直播环境下开展的研修活动，如何切实提高研修效果？如何发挥直播特色？这些都是值得深入思考的问题。

（2）如果教师不善于总结、不善于表达，如何启发他的思维？怎样提升他的思想层次、理论水平与教学能力？

（3）研修活动用时过长，主持人应该怎样合理控制节奏，既让参研教师有启发、有收获、有成长，又能避免思维阻断、同质研讨？

（4）优秀的启发者对于本案例发挥着很大的作用，如何提高启发者的素养？怎样营造研修成员之间的同侪互助氛围？如何培养教师互助启发，突破思维定式、提升理论高度？这些都值得深入研究。

# 第六节　案例使用说明

## 一、适用范围

本案例课例来源于统编教材内容，适用于各学科教育教学，技术上要求搭建直播环境。

## 二、研修目的

本案例结合青年教师成长、城乡学校师资均衡发展的需求，形成同侪互助环境，以直播的方式通过 PDCA 循环模式开展互助启发式校际研修活动，提高教师的理论水平和实践能力，培养教师的教育教学能力。

## 三、活动要点

本案例的理论基础为建构主义理论、启发式教学理论。教师的成长来自实践、活动管理、活动组织、互助启发、研讨交流、反思总结。通过不同角色的实践，不断提升教师自身的学科知识和理论水平，促进教师执教能力的提升、全面教育教学能力的培养。研修活动让青年教师开阔思想、创新思维，结合多种教学方式和学科特点形成具有自身特色的教育教学方法，提升自身综合素质。

本案例的关注点在于：主持者如何进行沟通、协调和实现研修过程的思想汇聚；启发者细心进行研修语言及思想的引导，激发研修者的思想碰撞、进行理念启发；执教者进行调研、实践、总结、激辩、反思；研修者通过互助启发，提升理论修养、课堂观察力、完善、提高教学方法与能力。

本案例以教师教育教学能力提升为目标，互助启发为手段，直播研讨为技术支撑，促进校际均衡发展及青年教师成长为特色；通过 PDCA 循环的管理方式，提升研修实施效果。

## 四、研修建议

（1）技术支撑。为实践该案例的研修方式，需要先构建直播环境，选择适合的直播技术方式。对于资金充足的学校可以建设一间专门的互动课堂研修教室，实现实时校际研讨；资金缺乏或需要灵活性的学校，可以使用钉钉直播进行课堂教学、使用钉钉视频电话会议开展校际研讨。

（2）建设团队，形成课表。学校之间加强沟通，以共同体的方式建立研修团队，同时制定课表，能够让研修活动有序开展。

（3）培养主持人、启发者队伍。主持人需要跟踪整个研修过程，对青年教师的成长非常有利。启发者不局限于校内富有经验的教师，也可以由教育专家等校外人士参与；对启发者提出要求，启发者要能够促进研修成员的思维碰撞和相互启发，以达到同侪互助、共同提高的目的。

（4）形成资料。一次循环研修结束后，必须形成相关资料，包括教学设计、研修过程记录、课堂实录、关键发言和关键事件记录。

# 第七节　专　家　点　评

镇海区中心学校和镇海区澥浦中心学校通过直播互助的方式，开展"互联网+义务教育"结对帮扶工作，工作有计划、有措施、有成效。案例以美术课"家乡的古塔"为主题，实践探索直播课堂支持下的同侪研修模式在小学学科教师专业发展中的应用，并将 PDCA 循环引入研修实践的管理，充分发挥各研修角色的作用，有效提高了研修质量。研修案例目标明确，主题突出，流程清晰、可操作性强，示范作用显著。尤其是提炼了基于问题的启发关键词，有效提升了研修的同侪互助效果，增强了教师的教学反思能力，进一步促进了城乡教师的协同发展。同时，案例为区域优质教育资源共享、促进教育均衡发展与公平等，树立了实践典范，可为其他区域、学校所借鉴。

# 致　　谢

感谢浙江省宁波市镇海区同侪研修团队成员的积极参与，他们是：宁波市镇海区中心学校副校长袁琳；主校区陈玲、刘芸、陈萍、邬美红、王莹、伍朝晖、贺超燕、娄清华、杨滨、韩庆敏、张之晨、袁露露等 12 位老师；镇海区中心学校新城校区刘思思、邵抒晓、邵佳惠、姚迪等 4 位老师；镇海区澥浦中心学校徐志浩、刘丽莉副校长，以及陈丽丽、沈王等 2 位老师。

# 第七章

# 智课系统支持的片区共同体同侪研修实践探索①

---

① 作者：周兴杰，男，宁夏回族自治区石嘴山市惠农区教学研究室教研员；李英泉，女，石嘴山市第二小学教学副校长。

# 第一节　研　修　背　景

2018 年，教育部等五部门颁布《教师教育振兴行动计划（2018—2022 年）》，教育部颁布《教育信息化 2.0 行动计划》，启动实施了"互联网+教师教育"创新行动，推进教师教育信息化教学服务平台建设和应用，全面提升教师信息素养，提高教师信息化教学能力。

石嘴山市惠农区为了跟上时代步伐，几年来不断加大教育信息化建设力度，在硬件建设、网络建设、教师信息化应用等方面得到很大的提升。自 2018 年起惠农区就成立了教研共同体，根据学校的办学条件、地理位置、师资力量等将惠农区 20 所中小学组建成 4 个教研共同体，以达到促进校际均衡发展的目的。共同体联片教研活动，虽然打破了校际界限，但是传统的教研模式及管理方式存在调课难、集中难、活动成本高、现场观摩影响教学、农村教师缺乏话语权、城乡教师互动交流合作少、受时间和空间制约、组织管理难度大、参与面窄、效度受限及凭借经验交流、缺少数据支撑等诸多问题。教研员不能及时发现自己教研工作中存在的问题，不能直接感受教研工作的成效。工作常局限于学科活动与竞赛评比，缺少深层次的精准分析和问题归因，难以准确定位教研工作中存在的问题，导致教研工作的改进始终局限于经验判断和行动自觉，教研工作改进相对缓慢。

特别是传统的教研活动不能精准地找到老师教学行为中的问题，进而不能准确地找到需要改进的靶点，导致教师能力提升缓慢，缺乏系统性，传统的教研活动已经不能适应"互联网+教育"及"人工智能助推教师队伍建设"背景下教师个性发展的需要，寻找一种新的研修方式是我们必须面对和解决的问题。以聚焦核心素养，满足教师专业发展个性化需求，深化课堂教学改革为目标，石嘴山市惠农区各教研共同体先后尝试开展了"线上线下相结合的课例研修""教师工作坊支持下的主题研修"等区域网络研修活动，通过实践效果比对，最终将"智课系统支持下基于片区共同体的同侪研修"定为我们研修的主要思路。

# 第二节 研修活动设计

## 一、研修目标

通过一种全新的研修方案让广大教师感受到人工智能技术给教学、教研带来的巨大变化。以同课异构的形式，借助大数据、人工智能技术，通过具体课例，研究课堂，研究教师的教学行为，研究学生的课堂学习行为，将移动教研平台的大众评价、智课系统提供的智能行为数据分析与线下研讨的专家点评结合起来。采取纵横两种对比的方式，精准找到课堂教学中的优缺点，找准靶点，设计合理的整改措施，促使教师快速成长。具体研修目标如下。

（一）在研修评价方面，实现科学精准的诊断

以"基于课堂教学行为分析研究"为主题，依托智课系统、移动教研平台、直播平台，采用长期跟踪、及时点评、横纵对比、线上与线下相结合的方式，创新教研形式，通过数据驱动、精准研修、多维评价等手段，通过"专家点评+大众评价+客观数据分析"，实现理论、经验、智能数据的有机结合，实现从基于经验的判断转变为科学精准的诊断。

（二）在研修指导方面，实现精准数据的指导

以共同体"课堂行为分析"为载体，通过"三次备课三轮研讨"，构建经验与数据协同的区域线上线下同侪研修活动流程（图7-1）。确保全程研修基于智能数据分析，采用线上和线下相结合的方式开展，实现片区内教师和教研员的全员参与和互动。在评课环节，使用"主观评课数据+客观教学行为分析数据"，充分应用大数据分析和人工智能技术，凸显教师个性、精准诊断，将传统的经验性指导转变成精准数据的指导。

## 二、研修流程设计

本研修项目以强校、名师引领为研修思路，依托区域研修共同体，通过线上线下相结合的方式，并以推动教师快速成长为目标，依托课堂行为分析平台进行线上线下相结合的区域同侪研修，创建强校弱校之间开放、交互的教研环境，助

推教师个性化发展模式。

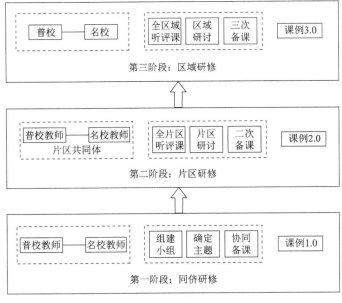

图 7-1   研修流程

（一）研修对象

本次研修活动涉及石嘴山市惠农区 3 个小学教研共同体 15 所学校的 500 多名老师，重点跟踪、观察、剖析来自各共同体的 6 位老师。

（二）研修主题

结合主观评课数据、客观教学行为分析数据促进教师课堂教学能力提升。

（三）研修环境

本次活动借助智课系统和智课通 App 通过远程听评课的方式进行。活动全程网络直播，共有 3000 多人次在线上关注了本次活动。观课教师利用智课通 App 和移动教研 App 围绕学生学习、教师教学、教学内容、课堂文化 4 个维度 12 个视角 30 个观察点对两节课进行实时评课，评课方式包括主观评价和客观量表评价。智课系统将大家的评课意见进行智能汇总、分析，结合平台采集到的教师和学生课堂行为数据的分析，自动生成整体评课报告单，为后续讨论和交流提供了数据依据。

# 三、研修运行机制

## （一）建立完善的领导组织机构，保证区域研修工作的顺利进行

为确保区域研修工作的顺利开展，组建区域研修工作领导小组，由石嘴山市惠农区教研室主任谢继财任组长，组员由惠农区教研室教研员及各学校教学副校长组成。根据区域特点和学校实际，结合教师的实际需要，从方便教师活动出发，成立区域研修领导小组。

## （二）建立研修模式研究和共建共享机制

从整体提升教育教学质量的角度，找准难点和热点问题进行顶层设计，统筹规划，设立区域研修重大研究项目。并通过自制优质教学设计、教学课件、微课、平台资源等多渠道实现教学内容的数字化、交互的智能化。通过共建共享机制和策略，初步满足教师和学生对教学资源的需求，促进了共同体工作的开展和研究。

## （三）建构数字化智慧教学模式，推动教与学方式变革

教研共同体紧紧围绕"'互联网+'时代下的新型教学方式如何有效地提升课堂教学质量"这一主题，利用"互联网+"和人工智能技术，开展课堂教学实践，让学生在新型教学模式体验中建构知识，在实践中培养能力。

## （四）将各种研修方式整合，形成优势互补机制

将校本研修、联片研修、区域研修、网络研修等多种研修方式进行整合，形成优势互补机制，建立了各司其职、分项负责的组织和保障体系。管理方面，成立项目领导小组，负责项目决策、经费保障等。教研方面，以教研室为核心力量，研究各个学科的教学模式。技术方面，借助教育体育局内外部力量解决技术及软硬件体系中的问题。

主要建立五个方面的机制：

（1）调研机制。教研员定期对共同体内的学校进行调研及指导，及时制定研修方向和策略，保证活动的科学性和正确实施。

（2）评价激励机制。共同体内所有活动的开展都由教研员和专家教师进行点评，并为参与教师颁发相应的证书，活动纳入区教育督导评估体系。

（3）研修机制。定期组织共同体内、校际交流、研讨与展示活动。

（4）提炼制度。定期召开项目推进小组会议，总结阶段工作，提炼优秀经验，

在区域内进行推广。

（5）宣传制度。每次活动都以简报形式发布活动组织和开展情况。

# 第三节　研修活动实施

本次研修活动由区教研室牵头，各教研共同体负责实施。活动以教研室主任谢继财为组长，相应学科教研员和各学校教学副校长为组员。

## 一、同侪研修阶段

### （一）组建团队，确定人员

以教研室牵头，教研共同体（教研组）为单位组建团队：石嘴山市第二小学教研共同体、惠农小学教研共同体、第二十六小学教研共同体，团队成员为相应共同体内的所有语文和数学老师，共500多人。每学期开学第三周，参研教师对教学实践过程中遇到的问题、实践的感受在小组中进行交流讨论，小组长将问题记录下来并进行梳理，每组至少2个问题，同伴之间分享见解，一同商讨问题解决策略，形成小组意见。教研组内的各个小组长将记录好的小组研讨问题及需求清单提交给教研组组长。教研组组长进一步汇总各小组所提出的问题，形成教研组内研讨问题记录清单。

### （二）确定主题

每学期开学第五周，教研员根据教师提交的问题，依据本学科的具体情况确定主题，组织共同体开展活动，本次活动石嘴山市第二小学教研共同体和第二十六小学教研共同体确定以五年级《数学》上册"植树问题"为主题，惠农小学共同体确定以五年级《语文》上册《"精彩极了"和"糟糕透了"》为主题。重点关注教师和学生的教、学行为对课堂教学效果的影响，结合大数据精准找到教师在教学过程中的问题，促进教师快速成长。

### （三）第一次小组备课

每个教研共同体选择一所优质校和一所普通校，两校各确定一位教师作为主备人，主备人独立备课，组织团队进行第一次备课磨课，在校内完成第一次展示交流活动，并将教学设计上传至智课系统，两校老师借助智课系统进行评价、分析，给出修改建议，进行协同备课。

## 二、片区研修阶段

### （一）全片区听评课

普校主备人根据协同备课建议，修改自己的教学设计，并进行展示，两校相关学科教师借助录播系统远程在线观课，分析课堂教学行为（图7-2），并利用智课通App结合观课量表，从学生学习、教师教学、教学内容、课堂文化四个维度多个观察点进行点评。

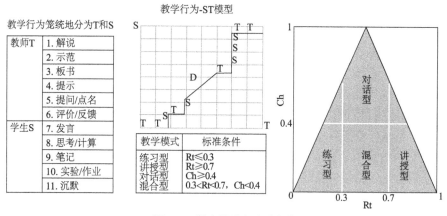

图7-2 课堂教学行为分析[①]

### （二）片区研讨

两校借助"云视讯"互动平台进行教研交流活动，智课系统将大家的评课意见进行智能汇总、分析，结合平台采集到的教师和学生课堂行为数据的分析，生成课堂教学综合报告（表7-1、图7-3）。评课教师和专家结合专业经验和平台数据进行点评，并提出修改意见。

---

[①] 课堂数据分析的理论基础是国际通用的弗兰德斯互动分析法、语言互动分类系统（VICS）、S-T教学分析法、教学行为云模型等。

表 7-1　课堂教学综合报告

| 序号 | 观察维度 | | 比例/% | 图例 |
|---|---|---|---|---|
| 1 | 学生行为 | 读写 | 7.37 | 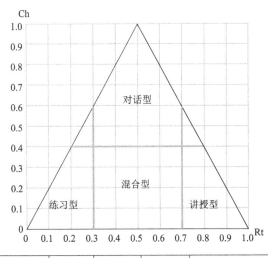 |
| 2 | | 举手 | 16.32 | |
| 3 | | 听讲 | 69.72 | |
| 4 | | 生生互动 | 1.85 | |
| 5 | | 应答 | 4.74 | |
| 6 | 教师行为 | 板书 | 3.43 | |
| 7 | | 讲授 | 51.82 | |
| 8 | | 师生互动 | 13.69 | |
| 9 | | 巡视 | 31.06 | |
| 教学行为分析结论与建议 | 结论：<br>建议： | | | |

| 教学模式 | 练习型 | 讲授型 | 对话型 | 混合型 |
|---|---|---|---|---|
| 标准模式 | Rt≤0.3 | Rt≥0.7 | Ch≥0.4 | 0.3<Rt<0.7，Ch<0.4 |

图 7-3　课堂教学综合报告

## （三）第二次小组备课

两校备课教师根据数据报告和教师的建议对自己的教学设计再次进行调整，并上传至智课系统供大家借鉴、点评，形成相应的听评课记录（表 7-2）。

表 7-2　教师听评课建议表

| 评课人 | 评课时间 | 评课记录 |
|---|---|---|
| 左旭东 | 13：00 | 教师教学—课堂组织：分任务教学中，是否包含"布置任务—学生独立学习—小组合作讨论—全班交流展示—教师概括精讲"五个步骤？**表现优秀**<br><br>教师教学—内容呈现：学习材料呈现时机、方式是否合理有效？**表现优秀**<br><br>教师教学—内容呈现：教师精讲概括是否准确有效？**表现优秀**<br><br>教师教学—教学机制：教师是否利用课堂生成资源（错误/回答/讨论/展示/作业）？**表现优秀**<br><br>教师教学—教学机制：课堂教学设计调整是否有效？**表现优秀**<br><br>教师教学—教学机制：教师是否有有特色的教学策略（语言/教态/学识/技能/思想）？**表现优秀**<br><br>教师教学—课堂组织：教师是否以小组为着眼点布置任务、管控合作、汇报交流？**表现优秀**<br><br>教师教学—课堂组织：教师是否分任务组织教学？**表现优秀**<br><br>教师教学—内容呈现：教师是否明确呈现学习目标、学习任务？**表现优秀** |
| 熊新建 | 13：21 | 课堂文化—师生习惯：教师是否积极调动学生思考和参与学习？**表现优秀** |
| 左旭东 | 14：00 | 主观评价：通过手指游戏激发学生学习兴趣，使学生初步了解了间隔数 |
| 左旭东 | 14：52 | 主观评价：通过微课对学生的德育教育非常到位 |
| 左旭东 | 15：51 | 主观评价：引导启发学生很到位 |
| 左旭东 | 17：42 | 主观评价：学生学习兴趣高，学生回答问题时语言是亮点 |
| 常雪 | 17：55 | 学生学习—专注倾听：学生听讲是否专注？**表现优秀**<br><br>学生学习—互动合作：全班交流中，是否发生主动/被动发言？**表现优秀**<br><br>学生学习—独立学习：学生是否有独立学习行为？**表现优秀**<br><br>学生学习—专注倾听：学生在听讲时是否有辅助行为（记笔记/查阅/回应/反问/提出不同意见）？**表现优秀**<br><br>学生学习—独立学习：学生独立学习后是否输出学习结果？**表现优秀**<br><br>学生学习—互动合作：学生是否有小组讨论行为？**表现优秀** |
| 左旭东 | 18：49 | 主观评价：通过尺子就能直观地把"一边""两端"突破了 |
| 熊新建 | 19：14 | 学生学习—互动合作：全班交流中，是否发生主动/被动发言？**表现优秀** |
| 熊新建 | 19：27 | 学生学习—专注倾听：学生听讲是否专注？**表现优秀** |

## 三、区域研修阶段

### （一）全区域听评课

　　普通校和优质校作课教师采取同课异构的方式作课，并进行网络直播，直播课堂中的智课系统聚焦课堂"教"和"学"两个维度，对"师"与"生"的课堂"教""学"行为进行实时数据采集，生成详细的科学的大数据报告（表 7-3）。与此同时，听课教师分成两组分别利用移动教研 App 和智课通 App 从不同的角度和维度对现场教学进行反馈与研讨，这种"人工"与"智课"的完美结合，实现了研课"质"与"量"的统一，从而生成科学、合理的改进方案。

**表 7-3　智能课堂行为分析**

| 序号 | 观察维度 | | 摸索阶段/% | 积极实践/% | 师生教学行为占比 |
|---|---|---|---|---|---|
| 1 | 学生行为 | 生生互动 | 1.90 | 16.92 | 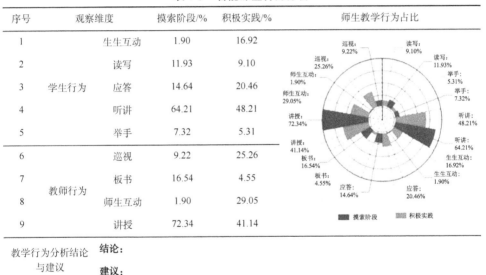 |
| 2 | | 读写 | 11.93 | 9.10 | |
| 3 | | 应答 | 14.64 | 20.46 | |
| 4 | | 听讲 | 64.21 | 48.21 | |
| 5 | | 举手 | 7.32 | 5.31 | |
| 6 | 教师行为 | 巡视 | 9.22 | 25.26 | |
| 7 | | 板书 | 16.54 | 4.55 | |
| 8 | | 师生互动 | 1.90 | 29.05 | |
| 9 | | 讲授 | 72.34 | 41.14 | |
| 教学行为分析结论与建议 | **结论：**<br><br>**建议：** | | | | |

### （二）区域研讨

　　共同体所有相关学科教师借助"云视讯"互动平台参加教研活动。第一个环节由两位作课教师进行自评，分别从教材理解、学情分析、设计理念、课堂生成等多方面进行阐释，并提出了在课堂实践中的困惑。接下来观课教师在主持人的引导下，分别从四个维度，将教育教学理论与实践相结合，对两节课进行翔实的点评。然后学科教研员针对智课系统给出的各项数据，为与会者做出直观而又精准的分析。最后教研员再根据两节课四个维度呈现的不同数据，结合自身经验，进行了对比式评价，明确了两节课课堂教学中的优点和不足，同时也给作课教师提出了有针对性的修改建议。

（三）第三次小组备课

各备课小组借鉴区域学科教师多维度、多角度的评价意见，结合智课系统智能生成的课堂教学行为分析报告和教师教学行为分析报告，综合专家教师的点评进行第三次小组备课。

# 第四节　研　修　反　思

## 一、研修成效

这样的创新研修模式，不仅是石嘴山市惠农区区域研修的第一次，也是惠农区课堂教学直播实时评课、大数据评课分析的一次尝试。既消除了距离、时间的限制，又切实提高了信息化背景下区域研修的实效性，转变了传统的研修观念。结合多种"互联网+"技术和"人工智能"技术进行研修活动，使教师"足不出户"就能"面对面"进行学习与交流，使区域研修活动实现了跨越式发展。这一模式打破了以前经验式评课的局限性。有以下成效。

（1）研修方式的转变：由经验型、粗放型向科学型、精准型转变。

（2）研修观念的转变：在研修团队的帮助下，教师追求专业发展的愿望变得强烈了，自我发展的意识增强了。

（3）教师专业发展速度加快：三轮的打磨及精准数据报告，对薄弱校教师是一种极大的促进和帮助，他们专业发展的步伐加快。

（4）研修更轻松、便捷：网络研修的方式，使教师在本校就可以参加区域的研修活动，减轻了教师负担，提高了参与度。

## 二、研修特色

（一）互动性

教师们在经历互动互信互助的历程中，由观望者、接受者转变成参与者、交流者，在这个过程中，产生更多接地气的、实用性强的教学理念及方法，比具有权威性的专家理论来得更直接，更易于在自己的教学中实践。这种"无围墙的教研"方式能促进教师间的广泛交流，提升教师学习的内驱力，提高教学效率。

（二）科学性

直播课堂中的智课系统聚焦课堂"教"和"学"两个维度，对"师"与"生"的课堂"教""学"行为进行实时数据采集，生成详细、科学的大数据报告。与此同时，听课教师通过移动教研平台及时对现场教学进行反馈与研讨，这种"人工"与"智课"的完美结合，有效地实现了研课"质"与"量"的统一，从而生成科学、合理的改进方案。

（三）共享性

教师在共同筹划教学活动分享教学资源、共同研讨教学行为分享教学经验的同时，能够体会同伴互助的力量和愉悦。这种"愉悦"带给教师的是一种职业的幸福感，更是教师自主发展的内在动力。

（四）灵活性

以片区教研共同体为单位进行研修活动，解决了受时间和空间制约组织管理难度大的问题。

## 三、研修小结

本研修模式主要是针对当前石嘴山市惠农区教师发展中亟待解决的问题，依托石嘴山市第二小学教研共同体优势资源，由各校的骨干教师引领，组建智课系统支持下的同侪研修共同体，带动15校教师开展实践共同体活动，打造"互联网+教育"环境下的教师共同体，推进骨干引领全员的常态化研修。以聚焦核心素养，满足教师专业发展个性化需求，深化课堂教学改革为目标，以"基于课堂行为分析研究"为主题，依托智课系统、移动教研平台，采用研训结合、任务驱动、以赛促练、线上与线下相结合的方式，创新教研方式，通过数据驱动、精准研修，实现精致化的"研"，达成个性化的"修"，助力教师个性发展，全面提升教师教学水平与业务素养。并且建立以片区网络听评课活动为载体，利用大数据开展课堂听评课，通过"三次备课三轮打磨"，构建"主题确定→协同研磨→听评结合→反思改进→重建延伸"的区域线上线下同侪研修模式。

# 第五节  案 例 思 考

如何在常态化使用中，借助大数据分析，精准找到教师教学的薄弱环节，寻找一种更有利于石嘴山市惠农区教师队伍建设，让年轻教师和薄弱学科教师快速成长的研修模式，形成惠农区特有的教师队伍建设和教育教学生态环境？

# 第六节  案例使用说明

（1）适用范围：本案例适用于小学阶段数学、语文学科教师的教育教学和专业成长。

（2）研修目的：借助人工智能技术，从多维度、多视角、多个观察点出发，精准寻找教师课堂教学的薄弱点，采用"大众评价+数据分析+专家点评"等研修评价方式，实现理论、经验、智能数据的有机结合，助推教师队伍建设，提升教师专业素养。

（3）活动要点：本案例结合大数据课堂行为分析报告与经验评价，助推教师专业成长。

（4）研修建议：为了充分体现研修模式的价值，充分发挥数据导向作用，建议进行对比观察，对观察者进行长期跟踪，积累大量数据，纵向、横向多方面对比，分析教师的课堂教学能力成长轨迹。

# 第七节  专 家 点 评

宁夏回族自治区石嘴山市惠农区本次研修活动，利用人工智能技术和"互联网+"技术变革区域研修模式，解决了传统研修中时间、空间限制，参与度低等多方面的问题。借助课堂行为分析系统和移动教研评课系统使得研修具有互动性、科学性、共享性、灵活性等特点。研修借助人工智能技术，从多维度、多视角、多个观察点出发，精准寻找教师课堂教学的薄弱点，采取"大众评价+数据分析+专家点评"研修评价方式，助推教师队伍建设，促使教师专业素养精准化提升。这种评价方式极大地调动了教师参与研修活动的积极性，使得研修时效性有了很大的提升。

# 致　　谢

感谢宁夏回族自治区石嘴山市惠农区同侪研修团队成员的积极参与，他们是：石嘴山市惠农区教研室主任谢继财老师；惠农区教育体育局信息中心主任张华老师；惠农区教研室教研员谢志娟和孙明老师；石嘴山市第二小学李英泉老师；石嘴山市第二十六小学杨学琴老师；惠农区惠农小学李冬梅老师。

# 第八章

# 智慧教育云平台支持的区域同侪研修模式设计及应用①

① 作者：邹斌，男，甘肃省兰州市安宁区教育局信息中心主任；邓宇蓓，女，兰州市安宁区教育局信息中心教师。

# 第一节　研　修　背　景

　　"互联网+"教育环境下，区域化网络研修已逐步成为助推教师专业化成长的重要动力之一。根据《教育信息化 2.0 行动计划》的目标要求，为提升教师信息化素养，充分发挥教育信息化在教学中的作用，探索互联网环境下教与学的新模式，甘肃省兰州市安宁区通过中央电化教育馆遴选，成为教育部—中国移动科研基金项目"信息技术支持下的区域教研模式研究及试点"全国 35 个试点区之一，根据试点项目的总体要求，结合本地教育信息化发展状况，安宁区教育局积极开展了基于智慧云平台的教研活动。

　　"互联网+"教育环境背景下，教师研修模式正在发生深刻变革。区域化网络研修模式是依托现代信息技术手段，开发和利用网上教育资源，建立开放的网络教研平台，逐步实现智力资源的学习、交流和共享，促进区域内教师能力的共同提高，正逐步实现对常规教研方式的补充、改善与超越。

　　传统的赛课、评课模式存在着公开难、评价难、再现难等问题，活动开展过程中除参赛选手和评委外，其他教师都无法实时参与。为了解决以上难题，课题组采用"在线直播+在线评价"的赛课、观课、评课方式，开展了"信息技术支持下的区域网络赛评课模式"的研修活动，在网上进行智慧课堂、区域优质课的教学直播活动，同时借助移动教研 App 进行实时在线听评课，为广大一线教师提供内容丰富、理念新颖、技术先进、实用便捷的优秀课程资源，创设教师与教师、教师与专家及时交流、平等对话的活动平台，充分发挥教师在教研活动中的主体作用，使区域内教师能够及时获取信息及资源，弥补了传统教研模式的不足，突破了学校之间的空间限制，提高了区域教研活动的深度，为实现区域内教育均衡发展提供了有效支撑。

# 第二节　研修活动设计

## 一、需求分析

　　与信息技术支持下的教研活动相比，传统的教研活动存在以下实践难点：

（1）研修活动组织难。传统研修活动受时间和空间制约，组织困难，造成研修活动参与面不大，参与率不高，导致受益人数少，容易流于形式。

（2）研修数据收集难。研修活动的资源汇聚与优化、任务协同与研究的相关数据采集困难，教师个性研修、自主研修以及反思改进都缺少数据支撑。

（3）价值追求协调难。教研员的主导作用和教师的主体作用难以理顺，教师参与研修的主动性不足，被动应付，效率低下。

基于以上难题，课题组精心设计了区域化网络研修活动，通过区域内开展网络赛评课的模式，选取 2 个具有代表性的区域比赛案例，以解决传统模式下赛评课难题为突破口，以点带面，将线上与线下区域研修实现有机结合。

## 二、研修主题及研修目标

课题组以"区域网络赛评课模式研修"为主题开展教师区域同侪研修，网络教研的目标是提升区域内教师信息化网络教研能力。

### （一）区域协调、共促共进

借助网络教研平台，探索线下研修与线上研修融合路径，实现校际、学科间、区域间跨越式交流，促进区域内专家团队建设，实现教师专业发展。

### （二）学科融合，优势互补

聚焦学科异同，以区域竞赛活动为主要组织形式，通过线上备课、现场授课、在线听课、在线评课等过程，实现教师比赛、教研的有机结合。

### （三）专家引领，同伴互助

通过区域竞赛等研修活动，进一步促进专家与教师、教师与教师间的交流、互动和专家引领，提升教师专业化素养，提高教师信息化教育、教学、教研能力。

## 三、研修团队建设

本次同侪研修团队由兰州市安宁区教育局信息中心、区教育局教研室、名师工作室、参赛教师等组成，涉及信息化技术支撑、区域教研研究、学科专家团队、一线教师等多层次、多维度人员，成员覆盖面广、结构合理。在研修过程中，团队成员参与意识强，不同角色统一协调推进，为研修顺利实施提供了重要保障。

## 四、研修流程设计

为推进区域教育信息化创新应用发展，全面提高教育教学质量，促进区域义务教育均衡发展，兰州市安宁区教育局在 2019 年主办了"安宁区首届小学智慧课堂教学竞赛"网络赛课评课活动和"安宁区小学优质课评选"网络评课议课活动。依托比赛课例，利用数据驱动开展课堂观评课，通过"三磨两赛一推优"的实践路径，构建了"主题确定—协同研磨—赛评结合—反思改进—重建延伸"的区域线上线下相结合的同侪研修模式。

## 五、研修活动评价设计

本次区域同侪网络研修活动，依托智慧云平台的区域网络备授课模块、人工智能课堂分析模块和区域网络教研模块，对赛评课活动全环节进行实时数据收集、整理、量化分析等工作，采用"在线直播+在线评价"的赛课、观课、评课方式，最终形成每一堂课的评课报告，将专业化的评价建立在课堂大数据基础之上。

# 第三节　研修活动实施

## 一、研修对象

本次区域同侪研修人员包括兰州市安宁区教研员、学科专家以及全体教师。

## 二、研修主题

依托小学多学科教学赛课评课活动，将评课议课活动扩大化，增强教师全面参与的意识，提高教师教学质量，促进教师专业成长。以落实学生核心素养为主题开展赛课活动，将比赛活动通过网络扩大覆盖面，让全体教师都能参与活动，增强教师的评课能力，提升教师的教研能力，优化课堂的教学效果。

## 三、研修环境

截止到 2020 年 6 月，兰州市安宁区已在 20 所学校安装移动教研录播终端，研修活动依托该终端，采用移动教研 App 进行直播课堂支持下的区域同侪研修。通过智课终端进行直播，教研员、学科专家及各校老师在本校使用移动教研 App 进行在线听评课，直播活动结束后，在移动教研平台上自动生成评课报告。

## 四、研修活动实施过程

网络赛课大致可分为三个阶段，即校级初赛、区级复赛、研讨评课议课，整个过程基于网络研修平台采用线上线下相结合的方式开展（图 8-1）。

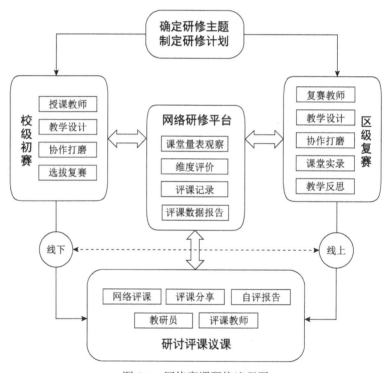

图 8-1　网络赛课研修流程图

（一）制定方案，确定主题

（1）首先由区教育局教研室联合区教育局信息中心制定研修方案，确定研修主题。比赛过程通过直播形式传送给不同的学校，以便更多的教师共同参与课堂评价。具体活动包括：评课、量化打分、专家点评、参赛教师说课等。参赛主题由教师抽签决定，多个课堂同时进行，全体参与教师根据自己的学科特点进入相关课堂进行量化打分，并计入教师最终评分。教研员制订课堂教学观察量表，主要包括教学理念、教学方案、学生活动、教师活动、技术应用、教学效果与教学特色七个维度，（表8-1），确定课堂观察点，落实观课分工。

**表8-1　课堂教学观察量表**

| 维度 | 指标 | 分值权重 |
| --- | --- | --- |
| 教学理念 | 体现以学为中心的核心理念，尊重学生个体差异，注重学生个性发展 | 3 |
| | 符合信息化环境下学生的认知规律和学习特点，激发学生学习动机，培养学生创新意识 | 3 |
| 教学方案 | 教学目标明确，体现学生个体差异 | 4 |
| | 教学内容合理，教学重点难点把握准确 | 4 |
| | 教学策略和技术应用恰当，满足学生的需求与学科特点 | 6 |
| 学生活动 | 学生根据需求自主选择合适的学习资源 | 5 |
| | 学生借助新技术主动提出疑问，表达观点 | 5 |
| | 学生能够及时了解自己的学习情况，为持续学习能力服务 | 5 |
| 教师活动 | 教师提供丰富的数字化学习资源供学生选择 | 6 |
| | 教师组织并引导学生开展多样化学习活动 | 7 |
| | 教师借助新技术开展学情分析和多元评价，针对不同个体提供多层次/差异化教学方法 | 7 |
| 技术应用 | 学生能熟练使用设备和软件工具 | 7 |
| | 教师能熟练使用教学软件、管理平台 | 8 |
| 教学效果 | 达成预期教学目标，促进学生个性发展和全面发展 | 7 |
| | 有效解决学生个体在学习过程中的疑点、难点 | 8 |
| 教学特色 | 新技术与教学有效融合，课堂教学特色鲜明，具有推广价值 | 15 |
| | 总分 | 100 |

（2）选择并确定比赛项目。经过项目团队的多方考量，最终确定了2个具有代表性的比赛项目。一个是基于智慧课堂的实验项目——"首届小学智慧课堂教学竞赛"活动，要求所有参赛教师都要具有熟练使用平板电脑进行课堂教学与课堂互动的能力。由于该项目正处于实验阶段，因此，无论是组织方式还是评价方式，都与传统信息技术课堂有较大不同，且受设备、场地、人员影响较大，故所有参赛选手均为实验班任课教师。选择这个比赛项目作为第一次项目实验，就是希望让更多的教师看到这样的新课堂，接触到这种新的教育形式。团队成员一致认为，"用新拓新"必须是我们该有的勇气，只有让教师真正地体验才能更快地让教师接受"新事物"，以便更好地服务于教育教学活动。

　　另一个是基于常态化的比赛项目——"安宁区小学优质课评选"活动,该比赛参赛流程清晰,组织完善,参赛教师只需具备一定的信息技术能力,能对课程教学进行合理设计,有效地把控课堂教学即可。此项比赛的整个流程已经过多年精心设计与打磨,逐步形成了完整的体系,参赛教师对于参赛各环节已有明确认知。此次比赛作为第二次项目实验,希望让一线教师看到,在拥有同样资源的情况下,优课是如何打磨出来的。在总结的基础上,团队成员用"以点带面"的方式,把现场优质课带到每位教师身边,让教师看到,变化就是理念与思想的提升,每个人都有成为优秀者的潜能。

（二）协同研磨

　　（1）根据区域同侪研修网络赛课方案,学校制定校级赛课方案。兰州市安宁区各小学确定研修主题后,以年级为单位,面向所有符合参赛要求的教师征集教学设计,各学科组内打磨,确定教学设计初稿（图 8-2）。

图 8-2　组内第一次磨课

　　（2）学校依托网络研修平台组织校内研磨及赛评课研修活动,根据分配名额,推荐复赛选手（图 8-3）。根据课题组安排,"首届小学智慧课堂教学竞赛"活动38 名教师参与区级复赛,"小学优质课评选"活动 53 名教师参与区级复赛。

图 8-3　第二次磨课,定复赛选手

　　（3）学校组织研修团队参与复赛选手的教学设计修订研讨会,协作打磨。参赛选手将教学设计、课件、录屏式说课等资源上传至移动教研平台。教研员通过移动教研对参赛选手上传的说课视频、教学设计等进行点评。各校推荐的参赛教师，在校内赛评课过程中全程依托网络研修平台，在校级比赛阶段就体验到在区级比赛时的所有流程，以熟悉研修活动赛评课各环节。

（三）赛评结合

区域组织赛课与观课评课，授课教师根据协作打磨后的教学设计进行授课，并进行课堂实录与同步直播，教研员及各校教师依托移动教研 App 进行远程听评课。

聘请作风正派、办事公正、教育教学经验丰富的专家型教师组成学科评议小组，按照评分表（表8-2）进行评比，按平均得分（保留两位小数）进行遴选。

### 表8-2　评分表

（a）安宁区中小学智慧课堂教学竞赛活动评分表

授课教师：_____　学科：_____　课题：_____　章：_____　节：_____

| 维度 | 项目 | 分值 |
| --- | --- | --- |
| 教育思想教育理念 | ①教师教育思想、教学理念适应时代要求；②教学过程中体现"以人为本"的思想，注重教法的创新，教学风格具有明显的个性特征；③重视挖掘教材中发展学生智能的因素，注重启迪学生创造性思维，培养学生的意志、品质和实践能力 | 10分 |
| 教师基本素质 | ①仪表整洁，教态大方、亲切，精神饱满，有激情，有感染力；②普通话标准，语言准确、精练、生动、流畅；③演示操作规范，具有示范引领作用；④教学设备操作娴熟 | 15分 |
| 教学过程 | ①整体设计思路清晰，结构合理；②根据学生和教学内容的需要合理选择教学方法；③教学中突出学生主体地位，较好地运用互联网以及生产性资源展现和模拟各种场景，激发学生主动学习和探究的兴趣，引领学生积极参与教学活动；④活动设计体现出层次性和梯度，过程训练充分；⑤能清楚阐述教学知识，能有效地解决教学重、难点问题，结构严谨，层次清晰，过渡合理，自然流畅 | 40分 |
| 技术应用 | ①全面展示所选平台媒体或软件的功能，突出媒体或软件与内容的深度融合有效应用。②将新媒体新技术作为学生学习认知和思维的工具，课件中显示的文字符号概念等表述科学准确无误。③设计合理，特色鲜明；内容丰富。④发挥技术优势，扩展学生的想象空间，有效解决重难点问题。促进师生、生生深层次互动，激发学生们的学习热情 | 15分 |
| 教学方法 | ①富有启发性、灵活性和针对性；②注重引导学生，充分发挥学生主体性；③教学方法符合学生的实际，重视学生学习方法和学习能力的培养 | 10分 |
| 教学设计 | ①把握课程特点，围绕教学目标，充分发挥信息技术的优势，使之声情并茂，图文兼顾，视听兼备。②教学环节突出新媒体新技术在教学中的创新模式和方法，设计有创新、有突破 | 10分 |
| 实际得分 | | 100分 |

评委签名：　　　　　　　　　　　　　　　　　　年　　　月　　　日

（b）安宁区中小学优质课堂教学评分表

授课教师：_____ 学科：_____ 课题：_____ 章：_____ 节：_____

| 维度 | 项目 | 分值 |
|---|---|---|
| 教育思想 教育理念 | ①教师教育思想、教学理念适应时代要求；②教学过程中体现"以人为本"的思想，注重教法的创新，教学风格具有明显的个性特征；③重视挖掘教材中发展学生智能的因素，注重启迪学生创造性思维，培养学生的意志、品质和实践能力 | 10分 |
| 教师基本素质 | ①仪表整洁，教态大方、亲切，精神饱满，有激情，有感染力；②普通话标准，语言准确、精练、生动、流畅；③板书设计合理、书写规范、演示操作规范、具有示范引领作用；④必要时能熟练运用现代教育技术手段 | 10分 |
| 教学设计 | ①符合课程标准要求；②教学目的、重点、难点把握准确，教学思路、层次清晰；③能够整合和利用课程资源，注重培养学生的学习兴趣和探究精神，教学设计能力强，教学设计有新意，编写规范，文字简练；④教学流程的设计科学、合理、新颖 | 10分 |
| 教学过程 | ①内容正确，安排科学合理；②目的、重点、难点的把握准确，处理恰当；③结构严谨，层次清晰，过渡合理，自然流畅；④有较好的应变及驾驭教材和课堂的能力；⑤学生参与教学积极，敢于质疑，充分体现学生的主体作用，师生情感融洽，课堂气氛轻松愉快 | 30分 |
| 教学方法 | ①富有启发性、灵活性和针对性；②注重引导学生，师生间的交流自然、融洽；③教学方法符合学生实际，重视学生学习方法和学习能力的培养 | 30分 |
| 教学效果 | ①关注学生认知、情感、意志、技能以及创新精神诸方面的发展；②全体学生学习积极、主动，思路开阔，敢于质疑；③各层次学生均学有所获，教学实效高，达到预设的教学目标要求 | 10分 |
| 实际得分 | | 100分 |

根据网络赛课方案实施比赛。

（1）根据课题组设计，两项网络赛课方案及具体安排如下。

A."安宁区首届小学智慧课堂教学竞赛"活动，区级评选由区教育局教研室、信息中心联合组织实施，采取课堂教学评比的方式进行。

（a）各学科分中（三、四年级）、高（五、六年级）学段，一、二年级不参加比赛。

（b）提前抽取比赛内容，现场竞赛活动开始前公布教师比赛具体安排，参赛教师准时参赛。

（c）参赛教师使用自备平板电脑，运用各种信息化手段进行备课。参赛教师需打印已备好的教学设计电子版，一式3份，现场提交评委。

（d）参赛教师使用自备平板电脑，现场连接智慧教室设备，调试完毕之后开始现场上课。

（e）奖项设置：按参赛总人数的50%评奖。

此次竞赛于2019年9月27日下午进行现场抽课与确认，10月16—18日，各参赛教师根据抽签时间与地点到指定比赛授课班级进行现场授课。10月16日，兰州市安宁区十里店小学赛点共安排语文 6 节、数学 6 节、英语 6 节；10 月 17 日，安宁区培黎小学赛点共安排语文 4 节、数学 4 节、英语 3 节；10 月 18 日，安宁区阳光小学赛点共安排语文 4 节、美术 4 节、音乐 1 节。

B."安宁区小学优质课评选"活动，区级评选由区教育局教研室、信息中心联合组织实施，采取课堂教学评比的方式进行。

区教育局成立安宁区小学优质课评选领导小组，区教育局教研室具体负责此次评选工作并组织实施。领导小组下设小学语文、小学数学、小学英语、小学道德与法治（思想政治）、小学科学、小学书法六个学科评议小组，由聘请的有关学科专家 3—5 人组成。

区级评选采取分学科课堂教学评比的方式进行，按授课学校教学的正常进度，提前一天现场抽取授课内容、授课班级、节次，次日上课（以授课学校所用教材为准）。

按照《安宁区中小学优质课堂教学评分表》进行评比，按平均得分（保留两位小数）进行遴选。

奖项设置：优质课评选活动设一、二、三等奖，获奖比例为总评名额的 60%。

本次评选活动的参赛教师需提前一天到教研室集中进行现场抽课与确认，2019 年 11 月 12—15 日，各参赛教师根据抽签时间到兰州市安宁区安宁堡小学赛点指定比赛授课班级进行现场授课。11 月 12 日，安排英语 6 节、数学 7 节；11 月 13 日，安排数学 7 节、英语 3 节、语文 7 节、综合 3 节；11 月 14 日，安排数学 7 节、语文 7 节；11 月 15 日，安排语文 6 节。

（2）进行课堂实录与同步直播，教研员及教师使用移动教研 App 进行远程听评课（图 8-4）。依托移动教研录播终端，采用"在线直播+在线评价"的赛课、

图 8-4　小学智慧课堂教学竞赛听评课

观课、评课方式，借助移动教研 App 进行直播支持下的区域同侪研修活动。直播结束后，所有评课记录在移动教研平台上自动生成评课报告。整个评选活动进行全程网络公开直播，有效增强了评选活动的公平性、公正性、时效性和科学性，促使更多教师参与教学竞赛活动，实现资源在平台内互通共享，为各类数据伴随式收集和集成化管理提供了支撑，形成了支撑教育教学和管理的教育云服务体系。

（四）课例研修出精品

在每项竞赛活动结束后，课题组通过网络研修平台与人工智能分析系统对生成的评课报告数据进行及时整理与分析；同时，每个比赛项目完成后，均召开线下研修总结会，及时总结归纳研修成果，并对研修活动提出改进意见与建议；每位授课教师撰写课例研修反思自评报告，教研员与学科专家根据执教者的自评报告，结合研修活动全过程形成的新认知，撰写本次主题研修报告，在线发布，最终实现协作知识建构。

本次区域网络赛评课活动依托网络研修平台、人工智能课堂教学行为分析评测系统开展，持续采集教学过程与结果数据。①数据采集。通过应用人工智能课堂教学行为分析评测系统，实现教学过程中教师、学生行为表现数据的常态化、伴随式采集和即时化分析，提供实证化的数据服务。②数据汇聚。持续采集教学过程与结果数据，并动态汇聚成教学大数据，为课堂的分析与评价提供支持。③数据分析与应用。教研人员结合主观教学经验和系统分析的客观教学数据，实现精准教研，辅助教师改进教学设计、促进教师自我发展、提升学生学习水平。我们从"学生主体性""教师主导性""教师课程力"三个维度开展了相关分析。通过对教学大数据的深度挖掘与多元分析，用数据诊断教学行为，让课堂问题可视化、清晰化，课后干预更准确，进而辅助教师进行更精准的"教"、指导学生进行更精益的"学"。

## 五、研修活动评价

研修活动评价方法，包括人工智能平台分析、课堂数据分析、量表分析等。现行的教研评价方式主要是教育主管单位、学校教研人员到教学现场或者通过网络观摩公开课，再基于个人教学经验或者教研小组讨论作出点评，从本质上来说是主观经验性的。这种方式主要有以下几点不足：①教研评价主观色彩较重，缺乏客观教研数据的支撑；②教研评价是点状的、离散的，教研人员只能对某一老师的一节课或者几节课作出点评，无法对其所有课持续点评，不够全面；③教研评价主要是从教师维度出发，对于学生的表现观察、分析更少。

通过应用人工智能课堂教学行为分析评测系统，可实现对教学过程中教师、学生行为表现数据的常态化、伴随式采集和即时化分析，提供实证化的数据服务，教研人员结合主观教学经验和系统分析的客观教学数据，实现精准教研，辅助教师改进教学设计、促进教师自我发展，提升学生学习水平。

我们从三个维度制作并分析观察量表，分别是"学生主体性"、"教师主导性"和"教师课程力"，不同的课型，观课要点也略有变化。此次线上观课是让每一位教师有目标、有针对性地去观课，这就比普通的观课更具实效性。组织教师在线完成评课、议课，并再次借助人工智能课堂教学行为分析测评系统在兰州市安宁区网络教研平台生成的数据，客观分析课堂教学的优点与需改进之处。

例如，图 8-5 中的这节课，"学生主体性"维度得分是 87.20 分，而"教师主导性"得分为 96.25 分，观察组专家认为，授课教师讲得过多，学生表达互动的机会不足。研修团队依据课程报告经过讨论、打磨，到第二轮时，教师改进教学情境，采用任务型教学，学生表达练习的次数增多、质量提升，第二次报告中"学生主体性"维度的分数为 92.40 分（图 8-6）。

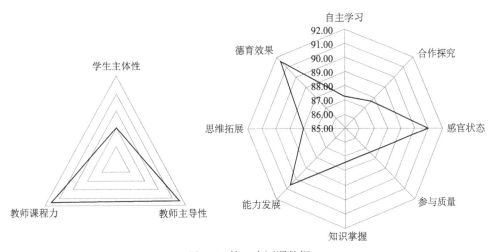

图 8-5　第一次评课数据

此次区域网络赛评课活动，以现代化信息技术手段为支撑，将"互联网+教育"模式贯彻始终，借助安宁区智慧教育云平台使得比赛过程规范化、精细化、透明化。以任务为驱动，教师学习目标贴切、明晰，学习路径清楚、便捷，学习过程富有情趣，学习评估科学合理，这种长程的、浸润式的研修，促进了教师教育教学理念和水平的提升。另外，在平台的支撑下，突破了时空限制，加强了不同校区教师之间的互动和交流；通过人工智能课堂教学行为分析测评系统让教研活动更加精准化，有数据可依，提升了教研的科学性；竞赛活动在线同步直播，锻炼了教师的评课议课能力；专家现场点评，教师实时互动，大数据智能分析，充分调动了教师的参与积极性，确保此次赛评课活动的顺利进行和效果呈现。

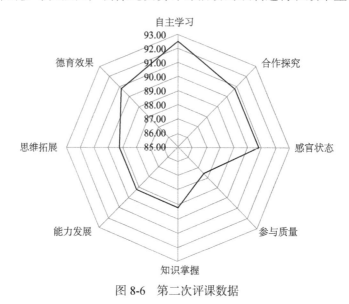

图 8-6　第二次评课数据

# 第四节　研修反思

## 一、研修成效

通过项目实施，实现了线上与线下教学的深度融合，将兰州市安宁区线下、线上的优势资源进行了全面整合，打通了空间以及时间上的教学壁垒，汇聚了教师们的教研智慧，提高了安宁区教师的教研素养和能力，打造出了一支科研探索型教师队伍，全面推进安宁区课堂教学改革向纵深发展。区域网络赛评课模式的创新，利用移动教研平台，借力优质教育资源，发挥线上线下相结合的教研优势，不断探索，不断突破，真正实现教师教育教学能力的专业化发展。

在效度上，直播课堂支持下的区域同侪研修提升了教师素养和课程的驾驭能力，降低了学校及区域的管理成本和管理难度，推动了优质资源的共建共享，实现了校际、区域内教育优质、均衡地发展，为实现公平而有质量的教育做出了积极的努力，真正实现了线上线下齐互动，场内场外共成长的目标。

## 二、研修特色

本案例依托网络研修平台开展，使得教学过程与结果数据可以持续采集，并动态汇聚成教学大数据，生成的数据可为课堂的分析与评价提供支持，研修团队从"学生主体性""教师主导性""教师课程力"三个维度开展了相关分析，让课堂问题可视化、清晰化，课后干预更准确，进而辅助教师进行更精准的"教"、指导学生进行更精益的"学"。

### （一）深化"以教促学，以评促改"理念

在研修过程中，理念是关键。通过互联网支撑教研员、学科专家以及区域内的全体教师，为整个研修项目的顺利实施提供了有力保障，如进行了赛前专题研讨、平台实操培训等活动；同时精选比赛项目，用两个具有代表性的比赛分别向教师传递不同的教育理念，让他们能够感悟到"教"已逐步走出传统课堂，而信息技术支持下的课堂才是现在课堂应有的模样，但如何更好地用手中的技术去驾驭课堂，而不是让技术去支配教师的教学，才是需要思考的问题。专家型教师的成长需要理念引领，名师的示范指导与点评在此发挥了重要作用，广大教师亲身体验二者的差距，这种差距是危机，是鞭策，更是动力，以赛促学、以教促学，才能不断赶超专家的步伐，师生才能受益。

### （二）坚持以人为本，榜样示范带动

本次同侪研修关注教师多层次、多维度成长，研修过程注重实效。本次研修选取具有代表性的竞赛项目，紧扣一线教师需求，名师专家率先示范指导，以解决教师教学中的现实问题为突破口，促进教师与教师、教师与专家间的交流，通过两种不同类型的比赛，深入开展任务驱动式区域研修活动，让处在不同层面的教师都有所收获、有所成长。

### （三）搭建区域平台，促进资源共享

本次同侪研修依托安宁区智慧教育云平台开展，创建了自己的特色化资源中心，推动了课堂教学改革。截止到 2020 年 6 月，区属 20 所中小学全员普及使用"网络备授课一体化系统"，为教师高效率、高质量的备课和教案管理、共享与应

用提供平台支撑，并将教案准备、教学实施、备课检查等教学环节有机结合起来，汇聚成课堂教案库、素材库、习题库等资源中心。这不仅使备授课环节更加便捷有效，而且实现了教、学、管的一体化。为保障此次项目实施，课题组逐步启用了"网络教研"功能，在线下上课、线上教研、学校选拔推荐、全区集中决赛、学科评议、小组评议等环节，各位参评老师做了精心准备，提高了活动质量和效益。

区域网络赛评课模式的创新，解决了传统赛课大多数教师无法参与比赛活动、专家点评学科教师无法全面受益的弊端。评选活动全程网络公开直播，有效增强了评选活动的公平性、公正性和时效性、科学性，促使更多教师参与教学竞赛活动，实现资源在平台内部的互通共享，为各类数据伴随式收集和集成化管理提供了支持，形成了支撑教育教学和管理的教育云服务体系。

综上，本次案例研修活动在"互联网+"的大背景下，实现了理论指导与实践教学的紧密结合，推动了区域研修活动从线下向线上的有效转移，对线下线上同步开展教研活动进行了有效的探索与研究。该模式打破了校际、学科间、区域间的时空壁垒，将校本教研、区域教研、网络教研进行了有机整合，解决了"小学科难教研，大学科教研难"的问题，创新了教育教学模式、促进了教育公平的实现。

## 三、存在的问题

本次案例研修活动，存在的问题如下。

### （一）教师信息化意识不足，信息化素养有待提高

区域内教师年龄跨度大，部分教师对信息技术在课堂中的应用仅停留在简单的技术操作层面，甚至有些教师在面对新的网络备授课、网络教研等模式时会产生抵触心理，须强化信息化意识。在本区区域教育信息化整体推进的大背景下，对于每一位教师而言，信息化不只是停留在脑海里的想象，而是真实发生在每个人身边的现实。促成长不只是空谈，更要通过今后不断地摸索，不同层面进行多维度、多方位培训，让年轻教师成为信息技术的排头兵，与老教师互学共促，使信息技术全方位为教师成长助力。

### （二）教师深层次参与不足，导致效果欠佳

参与研修活动的教师由于上课、培训时间冲突，不能全程参与完整的研修活动，未能深层次全程参与，对研修效果有一定的影响。

（三）移动端瞬时并发量有限，影响融合效果

在移动教研 App 上进行大赛直播时，由于网络传输问题出现不畅通的情况，导致出现线上线下学习不能很好融合的现象。

# 第五节　案　例　思　考

区域化网络研修是对教研提出的新命题，这个新生事物面对的机遇与挑战并存。

（1）区域研修涉及学科众多，各学科教师人数总量存在较大差异，现实中往往存在"小学科难教研，大学科教研难"的问题。网络研修时的人数如何控制？不同年级教师的教研需求差异化问题该如何解决？

（2）网络平台开放共享，教师参与网络研修需要将线下的一部分迁移至线上，如何打破校际壁垒，激发教师的参与积极性与主动性，使学科教研常态化？

（3）区域网络研修、网络赛评课，参与人数众多，数据瞬时并发量大，现有平台的承载力略显不足。如何架构更为完善的平台功能，进一步解决并发数据量大造成的承载力不足难题？

（4）要建立区域网络研修评价体系，考量教师个人的诉求，如何合理安排网络研修活动时间，有效监控研修过程并生成个人与团队研修报告和考评量表等？

# 第六节　案例使用说明

## 一、适用范围

本案例主要适用于信息技术支撑下的区域研修。

## 二、研修目的

本案例结合区域研修过程中的实际需要，形成分阶段、有侧重的研修内容，用于促进区域网络研修中的教师发展以及信息技术与学科教学的融合研究。

## 三、要点提示

本案例的关注点是，在"互联网+教育"的新课程改革背景下，区域研修如何实现互通互联？教师如何提升自身专业素养，促进专业化成长？

本案例的关键能力点是：基于安宁区智慧教育云平台，参与教师能利用更高层次的信息技术能力将线上线下研修活动很好地结合起来；在网络赛评课中，教师能结合个性需求，汲取先进的教学理念，探索新的教学模式，应用于线下课堂教学。

本案例研修的思路是"现状调查—专家研讨—主题确定—活动开展—网络赛评课—交流反思—归纳总结"。

## 四、研修建议

为了充分发挥网络研修平台的作用，考虑到区域教研日常工作等因素，建议后期的研修活动从研修主题确定、研修实施、研修反馈三个方面做好安排。

（1）主题确定。研修主题的确定要紧密结合一线教师在授课过程中存在的具有普遍性的实际困难和问题，在研修开展前进行充分的实际调研，通过调研研判、选定研修活动的主题。

（2）研修实施。参与研修活动的教师，不能局限在校内、片区内、工作室内，而应以学科工作室为核心，不断拓展到全区所有各学科教师，这样才能不断扩大网络研修的影响力，真正形成区域研修共同体，从而推动全区教学稳步发展。

（3）研修反馈。通过区域平台大数据人工智能分析，及时反馈教师研修进度，量化教师研修考评。调动教师的内驱力，充分考量个体与群体诉求，专家引领、限时研修、及时反馈，确保研修活动健康、持续、稳步发展。

# 第七节　专家点评

　　兰州市安宁区的研修活动，以现代化信息技术手段为支撑，将"互联网+教育"模式贯彻始终，借助安宁区智慧教育云平台使得研修过程规范化、精细化、透明化。竞赛活动在线同步直播，专家现场点评，教师实时互动，大数据智能分析，充分调动了教师的参与积极性，确保此次研修的顺利进行和效果呈现。研修活动设计层次清晰、环节紧扣，参赛教师以开放的心态勇于创新，将教学、教研、科研、培训融为一体，拓宽思路，增进教师的信息化意识，促进教师全面发展。探索网络研修模式，旨在解决传统远程研修平台的活跃性不足、混合式研修一体化的实践困难、生成性资源的积累及数据收集与分析不便等问题，对学校教师专业化发展的促进、校本研修组织管理的优化和跨校区、跨区域研修资源共建共享，都具有非常重要的实用价值和深远的意义。

# 致　　谢

　　感谢甘肃省兰州市安宁区区域同侪研修团队成员的积极参与，他们是：安宁区教育局信息中心雄建民老师；安宁区教育局教研室郭萍（主任）、左晓玲、刘清芳、杨敏、王惠玲、李彦瑾、徐文玲、吴香玲等 8 位老师；李翠琴、张牧蓉、杨清春、秦玮、王春兰、王丽娟等 6 所名师工作室成员；安宁区区属小学张嘉星、陈丽丽等 91 名参赛老师。

# 第九章

# 信息技术支持的小学数学同侪研修模式构建及应用①

① 作者：阳大勇，男，贵州省松桃苗族自治县第二完全小学数学教师；杨莉，女，贵州省松桃苗族自治县第一完全小学数学教师；邱应志，男，贵州省松桃苗族自治县实验小学数学教师；杨守萍，女，贵州省松桃苗族自治县第二完全小学数学教师。

# 第一节　研修背景

在"互联网+"背景下，信息技术在课程改革中发挥着不可替代的作用，传统的校本研修已无法满足教师专业发展的需求，网络研修逐渐成为提升教师能力的有效途径。贵州省铜仁市松桃苗族自治县（简称松桃县）通过中央电化教育馆遴选，成为教育部—中国移动科研基金项目"信息技术支持下的区域教研模式研究及试点"的全国 35 个试点区之一。松桃苗族自治县教育局将该试点项目作为教育信息化 2.0 时代的重要内容之一，目的在于缩小城乡教师间的教学能力差距，促进全县教育均衡发展。2019 年 5 月至 2020 年 6 月，松桃苗族自治县域内 3 所城区小学与 2 所农村小学的教师结成直播课堂支持下的同侪研修团队，相互开放，相互交流，积极探索区域研修新途径。

传统的校本研修虽然收到一定的成效，但是也存在不少问题和缺陷。同一学校教师在研修过程中，得不到专家教师的引领指导，研修效果存在着较大的局限性。直播课堂支持下的同侪研修围绕教学中的典型问题，依托直播平台进行优秀课例展示，名师点评，线上线下观摩交流，及时释疑解惑，促进教师的专业化成长。

传统的网络研修虽然交流途径多样化，但存在研修方式单一，参与者中"潜水者"居多，发表自己见解者少，交流内容大多浮于表面的现象。任务打卡，研修积极性和实效性不高。本课题组围绕 5 个日常教学的学科课例，探索基于直播课堂的教师研修模式，依托直播平台和区域研修平台，课题组成员在线学习、研讨和线下面对面教学高度融合，借助现代信息技术设备随时开展研修学习。

传统的评课议课绝大多数都只是停留在感性的形象描述层面，评价过程程序化，评价内容大而空，缺乏一定的数据支撑。本课题组采用"优课解码"观课评课，开展直播课堂支持下的小学数学同侪研修活动，促进全体参研教师教学能力的提升，从而实现共同成长。

# 第二节　研修活动设计

## 一、研修主题及研修目标

本次区域性研修学习是在"信息技术支持下的小学数学同侪研修"主题下进

行的。顺应教师教育与教师发展工作的新形势和新要求，以区域研修平台和直播平台为载体，通过本课题的研究，整合铜仁市松桃苗族自治县教师教学研究和教师培训资源，形成"教研一体化"的教师教育教学工作网络；探索教师教育新模式的策略和方法，促进新课程建设和小学数学教师的专业发展。具体目标是：①构建同侪教师专业发展的名师工作室运行策略；②探索校际合作中同侪教师专业发展的新途径；③探究信息化时代区域内同侪教师合作模式；④探索校本研修与校际合作中同侪教师专业发展最优化；⑤探究名师引领与同侪教师互助合作关系。

## 二、研修团队组成

本次区域同侪研修团队共 20 名教师，其中 5 名县级学科教研员，1 名学科教学名师，4 名学科骨干教师，10 名普通小学数学学科教师，人员结构比较合理。在研修过程中，团队成员表现出极强的协作性和主动性、良好的个人综合素质，保证研修顺利实施。

## 三、研修流程设计

本研修项目以提升小学数学教师专业发展为目标，依托区域研修平台进行线上线下相结合的跨区域同侪研修，分为网络研修（图 9-1）和线下研修（图 9-2）两部分。

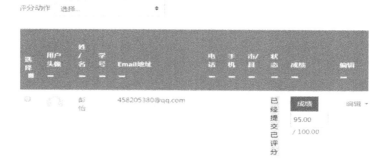

图 9-1　网络研修

图 9-2　线下研修

通过创设跨区域教师群体之间开放和交互的教研环境，形成融教研、科研和培训于一体的教师发展模式，以及"行动—反思—交流提升—再行动"的阶段式推进学习流程（图 9-3）。

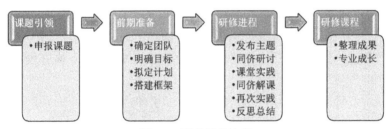

图 9-3　研修操作流程

## 四、研修活动评价设计

通过调研，确定以"小学六年级数学复习课"作为本次研修主题，深入研究，发挥团队协作的作用，实现"1+1＞2"的效果。同侪研修创新了区域教研的模式，推进了信息技术与区域教研的深度融合，是提高教师专业素养的有效途径之一，实现了教育资源的共建共享。

在此过程中，课题组分线上和线下两个方面从研修者满意度、学习效果、行为效果三个角度进行评价（图 9-4）。其中研修者满意度评价，通过对参与教师进行后测问卷和教师访谈，将获得的整体后测数据和个案数据结合，以确保收集数据的真实性。

研修者学习效果和行为效果评价，通过平台反馈，采用实践跟进的方式，强化研修活动的延续影响，记录教师将获得的知识转化为能力的过程。参研教师通过实践反思和课例展示，将课例资源进行上传、共享，如此反复，不断推进，促进教师理论与专业成长。

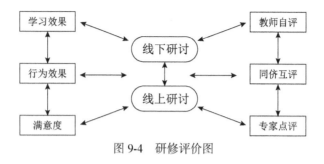

图 9-4　研修评价图

# 第三节　研修活动实施

本课题组基于小学数学教学的 5 个课例开展研修："工程问题复习""用字母表示数""认识几分之一""集合""可能性"。这 5 个课题均采用直播课堂的方式，研修实施过程中严格按照研修平台中的"五步三轮"来开展（图 9-5）。

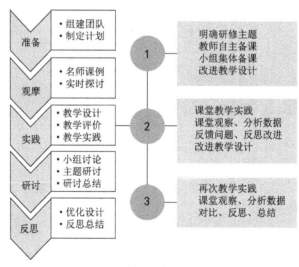

图 9-5　课例同侪研修流程图

在研修过程中，课题组主要采用了区域研修平台和 QQ 办公，同时也建立了专业研修微信群、QQ 群，让不同区域的教师通过网络进行常态学习、精准教研，聚力打造区域研修的特色。以 2019 年 6 月的"工程问题复习"研究活动为例，结合"确定研修主题、开展主题讨论、实施课堂观察与诊断"三个要点重点探究同侪研修的实施。

# 一、第一轮：确定主题，个人初备

## （一）调研分析，确定主题

课题组首先通过调查问卷，对两地研修教师的"信息技术提升教学设计能力"的整体水平和个体差异进行诊断分析。基于统计数据，依据"聚焦主题、任务驱动"的原则设定研修任务、选择合适的文本进行教学。在任务设计中，利用前测数据的分析结果，确保后续研修的跟进、优化。在本课题研究中，课题组通过调查研究，从实用性和可行性方面，提炼出如下有价值的研修问题：①如何提高教师使用有效资源的能力；②如何在教学中达到"以点带面"的效果。

## （二）围绕主题，个人初备

围绕研修问题，以具体课例为载体，首先是充分利用城区优质教育资源并进行放大，以取得工作的实效性。其次，以同侪直播的模式，实现小学数学教师教育教学方式的改变。

以 2019 年 6 月的研修为例，课题组教师认为"小学数学六年级复习课是所有教师的盲点"，确定以"小学数学复习课"为研究主题。以"工程问题复习"为例，铜仁市松桃县第二完全小学（简称"第二完小"）的向绍红老师通过个人主备、同侪互助完成初稿（图 9-6）。

---

**工程问题复习课的教学设计**

执教人：松桃县第二完小　　向绍红

**复习内容**：工程问题的知识梳理及相关练习。

**复习目标**：

1. 让学生进一步理解工程问题应用题的结构特点和数量关系，掌握其解题思路和方法，能熟练、正确地解答工程问题，解决生活中类似的问题。

2. 使学生掌握解决问题的策略，提高解决问题的能力，提升学生的思维品质。

3. 让学生在解决问题中充分体验成功的愉悦，增强学习数学的信心。

**复习重点**：理解工程问题的数量管理和结构特点，掌握解答方法。

**复习难点**：会迁移运用，组建新的认识结构。

**复习过程**：

课前谈话：同学们，在数学这门学科里，大家感到最困难的知识是什么？（解决问题）在这门学科里最有价值的是什么？（解决问题）为什么？它能让我们体验到学习的成功与快乐。你还记得解决问题有哪些类型吗？（让学生说）其中就有一种类型是变化多端的，它就是（板书：工程问题）。

---

图 9-6　教学设计初稿

## 二、第二轮：教学实践，修改完善

### （一）教学实践，现场诊断

在"五步三轮"研修流程中，开展教学实践是核心，主要采用"观课+解课"的形式进行。在研修过程中，所有成员立足真实的教学现场，运用观察量表开展课堂观察，用数据记录并反馈真实的课堂，实现了听课、评课从"随意性"到"实证性"的转变。

在课例研修过程中，课题组专家杨守萍从教学目标达成度、教师反馈语、课堂提问三个维度进行观察，制定了指向明确、行之有效的观察量表。其中的教学目标达成度的诊断主要观察课堂各个环节中师生的活动情况，教师如何采用各种教学手段及方法实现预设的教学目标，采用课堂教学观察量表即教师活动等级量表（表9-1）和学生活动等级量表（表9-2），最后给出分析与建议。课题组的同侪教师在现场或利用直播教研平台分享观课感受或作出评价。

### 表 9-1　教师活动等级量表

| 时间 | 年级 | | 执教者 |
| --- | --- | --- | --- |
| 学科 | 教学内容 | | |
| 观察角度 | 观察内容 | | 评分 |
| 教学理念 | 教学理念新，符合素质教育和新课程改革的要求；教师角色定位准确，组织者、引导者、合作者的作用落实好，突出学生的主体地位；正确处理教与学、知识与技能、过程与结果之间的关系；以学生发展为本 | | |
| 教学目标 | 符合年级教学目标与要求；体现三维目标并融入核心素养的有机整合；目标简明、具体、恰当，符合学生实际和发展需要 | | |
| 教学内容 | 正确理解教材，领会教材编写意图，创造性处理和使用教材，从整体上把握教学内容，恰当取舍，重点突出；合理开发、利用教学资源 | | |
| 教学过程 | 教学结构设计合理，环节清晰，能突出重点，突破难点；教学方法灵活富有新意，重视学习策略和方法的指导；面向全体，关注每个学生，活动安排合理，为学生提供充足的探究、交流的时间与空间；创设学生主动参与和体验的教学环境、民主和谐的课堂氛围；正确处理预设与生成的关系 | | |
| 教师素质 | 教态亲切自然，情感丰富；课堂语言简练准确，普通话标准；板书工整规范；教学基本功扎实，驾驭调控课堂教学能力强；能够灵活运用现代化教学媒体、资源、平台及手段 | | |

注：采用5分制：优，5分；良，4分；好，3分；一般，2分；尚可，1分

观察人：＿＿＿＿＿＿＿

**表 9-2　学生活动等级量表**

| 时间 | 年级 | | 执教者 | |
|---|---|---|---|---|
| 学科 | 教学内容 | | | |
| 观察角度 | 观察内容 | | | 评分 |
| 学习状态 | 学习积极性高，思维活跃，有强烈的求知欲望，敢于质疑；学生全员、全程、有效参与，能够积极回答同学或老师提出的问题 | | | |
| 学习方式 | 有充足的自主学习时间和空间；能够运用自主、合作、探究的学习方式 | | | |
| 互动思考 | 积极互动，深入思考；提出的问题具有实际意义；能采纳别人好的建议 | | | |
| 习惯养成 | 具有正确的书写姿势和良好的书写习惯，具有自主、主动学习的习惯；具有良好的倾听、思考、质疑、交流、合作的学习品质 | | | |
| 教学（学习）效果 | 教学目标达成度高，重点突出，难点突破，每个学生都有不同程度的收获 | | | |

注：采用 5 分制：优，5 分；良，4 分；好，3 分；一般，2 分；尚可，1 分
观察人：＿＿＿＿＿＿＿＿＿＿

在现场解课环节，课题组教师根据课堂教学观察量表反馈出的数据和个人的解读，通过视频会议平台进行线上直播讨论，同时结合线下实地研讨，最大限度确保所有教师都有机会参与研修。

## （二）深入讨论，修改完善

经过第一次的观课解课，执教教师进行反思性备课。为打磨优秀课例，全体课题组教师集思广益，围绕"教学设计亮点"和"能继续改进的地方"进行第二次线上和线下研讨，既对课堂中某些重要问题深入讨论，也提出一些问题请大家讨论，找出对应的解决策略。

在"工程问题复习"教学设计第二稿修改过程中，向绍红老师除了要虚心听取其他老师的建议，也要对讨论中提出的问题和建议进行合理化的取舍，通过反思、吸收、内化再次完善教学设计（表 9-3）。

**表 9-3　教学设计第二稿方案表**

| 科目 | 小学数学 | 年级 | 六年级 |
|---|---|---|---|
| 教学时间 | | 2019 年 6 月 14 日 | |
| 教学内容 | | 工程问题复习 | |
| | | 一、教材内容分析 | |

工程问题应用是分数应用题中的一个特例。它的数量关系和解题思路与整数工程应用基本相同。本节课，由于是复习课，先让学生回顾数量关系，从具体量解答，再深入到把工作总量抽象成一个整体，用单位"1"表示。通过复习，使学生进一步理解工程问题的实际意义，掌握它的解题方法，培养学生的分析、对比能力和综合、概括能力，提高学生解题的综合能力。

续表

| 科目 | 小学数学 | 年级 | 六年级 |
|------|----------|------|--------|
| 教学时间 | | 2019 年 6 月 14 日 | |
| 教学内容 | | 工程问题复习 | |

二、学习者特征分析

由于是复习课，学生对工程问题的解题方法已有基本的模型，但对于归类整理以及拓展延伸还存在问题。

三、教学目标（在"三维目标"基础上融入"学生发展核心素养""学科核心素养"）

1. 让学生进一步理解工程问题应用题的结构特点和数量关系，掌握其解题思路和方法，能熟练、正确地解答工程问题，解决生活中类似的问题。

2. 使学生掌握解决问题的策略，提高解决问题的能力，提升学生的思维品质。

3. 让学生在解决问题中充分体验成功的愉悦，增强学习数学的信心。

四、教学方法

谈话法、讨论法、练习法

五、教学重难点

理解工程问题的数量管理和结构特点，掌握解答方法。会迁移运用，组建新的认识结构。

六、教学资源

　　本轮研修，课题组老师带着问题诊断的态度对初次自主备课的教案进行分析，通过解课及讨论，促使全体数学教师花更多时间去钻研教材、研究教法、拓宽教学思路，有利于教师内省，从而找到小学数学复习课的教学模式。

## 三、第三轮：上课观课，以评促改

### （一）优化设计，上课观课

　　向绍红老师吸收前面两轮的建议，采用优化后的教学设计再次进行课堂教学。在此轮展示中，解课小组继续使用观察量表解课，并将统计的数据与第二轮的进行比较，看看哪些地方有提高，哪些地方还存在问题，再提出改进的设想。

### （二）交流反思，以评促改

　　在第三轮交流中，参与教师主要探讨两方面的问题：①探讨本次教学、教研中出现的问题；②将两次活动进行比较，讨论前面两轮中没有解决的问题。

（三）以点带面，资源共享

针对全县小学数学教师普遍成长较慢的现实，本次研修通过直播课堂同侪互助、专家引路，以点带面，促进教师的专业成长与发展。通过网络研修活动，教师们的问题意识和研究意识增强，大家都为解决问题而不懈努力。同时，课题组制作的所有教学资源，上传至网络研修平台，共享给课题组内的同侪教师及县域内其他教师。

# 第四节　研修反思

## 一、研修成果

本课题组立足小学数学课堂实际需求，通过 5 个课例开展区域同侪研修，取得了较突出的成果。主要表现在以下几个方面。

（一）参与人员多，模式多样，辐射面广

研修活动中，除了本课题组的五所学校的参研教师，还有全县乡镇各小学的教师参与，参与度比较高，坚持全程学完的教师占四分之三。在参加活动的教师中，松桃县第一完全小学占 24%，松桃县第二完全小学占 24%，松桃县实验小学占 20%，松桃苗族自治县孟溪镇完小占 8%，松桃县盘信镇民族完全小学占 8%，其他小学占 16%，涉及面广泛。

（二）数据反馈，深入交流，不断改善

每一次区域同侪研修主要分为三个环节：示范课、说课和评课。参与教师可以发言、记笔记及回复别人的发言。平台功能设置给予每个教师充分的学习时间，有利于在研讨过程中形成新的思考、产生新的问题，此外教师们也通过 QQ、微信等网络平台交流发言。区域同侪研修的任务比较开放——鼓励参与教师上传课例和教学设计等，教师们在平台上畅所欲言，但是不利于意见的及时反馈。针对这一问题，课题组对研修方式进行了修改，关注教师研修需求，同侪研修后及时让授课教师明确自己应该从哪些方面修改教学设计，进而改进自己的教学行为。

（三）聚焦课堂，线上线下联动，促进教师成长

学会评课对教师的专业成长有着重要的意义。在研修过程中，同侪教师通过远程的方式对课堂教学进行观摩，然后再评课议课，授课教师根据专家的点评和同侪教师给出的建议修改后再次进行研修（图9-7）。

图 9-7　成员组上课与各个学校观课、评课和议课

## 二、特色之处

同侪互研是教师作为专业人员的交往、互动与合作，是实现教师持续主动地自我提升、共同进步的一种教研活动。从活动的开展情况、教师观课解课水平、参研教师的相互评价与自我评价、形成的总结资源来看，本次直播课堂支持下的同侪研修是有一定效果的，对改进教师教学方法有着积极的影响，主要呈现出以下特点。

（一）坚持以人为本的研修理念

在此次研修过程中，既有教研能力突出的学科专家的引领，为整个研修提供保障，又有一线教学名师的指导点评，再加上一群富有上进心的教师，为研修活动营造了和谐、融洽的"去行政化""纯学术化"的研修氛围。在这样的环境中，更容易激发出教师的积极性和创造性。

研修过程求真务实、注重实效。研修主题来自教师日常教育教学过程中产生的疑惑或面临的问题，符合教师自身的发展需求，能充分调动教师的参与积极性，通过任务驱动式的研修活动，每个参与研修的教师都得到提高。在同侪互研过程

中，大家相互学习，相互交流，不断改进教学方法、提升教育教学能力，促进专业成长。

（二）以"合作交流"和"同侪互助"为中心

本次研修以线上线下混合式教研为主，教师在阶段性研修活动中，与同组教师、一线专家、科研能手、教育管理者等深入交换意见，在交流中碰撞出思维的火花，从而收获不同的经验，提升自己的专业素质。

（三）充分利用现代信息技术

区域研修平台完善了共建共享机制。通过无线通信打破了地区与学校之间的隔阂，实现了多智能体的参与，降低了学习成本，提高了教学和科研的效率。只要掌握了学习环节的教师能够参与交流和学习，学习过程就变得更加智能、充满活力。

区域研修平台的免费超级存储，方便教师通过网络平台和移动终端随时随地查看和下载课堂记录、图片、电子教案等多媒体资源，可以弥补传统课堂的不足，解决教师工作与学习的矛盾。同时，教师可以根据自己的需要反复学习，对加深理解、巩固和提高起到一定的作用。特别是微课软件及平台的使用，大大提高了课堂教学的效率。

综上所述，本研修项目是在信息技术的支持下，在同侪研修的推动下，实现理论学习与课堂实践的结合。本课题组在不断总结的基础上，对教师"边学边改，边改边学"进行了进一步的探索和深入的研究，逐渐促进教师的专业化成长。

## 三、存在的问题

（一）过于依赖录播设备等现代信息技术设备

有的教研点没有远程视频会议系统，在开展直播课例观摩时需要到乡镇中学，因此，增加了时间成本，也不能满足师生互动的需求，在一定程度上影响区域研修的常态化发展。

（二）日常任务较重，参研教师的时间和精力不足

各个学校的参研教师除了日常的教育教学和教育管理等任务外，还有其他工作任务，有时与研修时间冲突，不能全程参与教研活动，对研修效果有一定影响。

（三）教师科研能力欠缺，理论知识不足

参研教师科研能力参差不齐，缺少理论知识的支撑，研修过程按部就班，没有注重解决实际问题，导致研修多少有盲目。研修内容不够具体，着力点没有抓准，某些研修环节成员的分工没有细化，导致可操作性不强。

# 第五节　案 例 思 考

如何将线上、线下研修方式进行融合，充分发挥线上和线下各自的优势，实现 1+1＞2 的效果？参研教师的时间和精力不足，存在很大的工学矛盾，如何保障区域内同侪研修的常态化运行？如何在教师职业能力发展的关键环节（如新入职期、迷茫期等）发挥同侪研修的互研、互学作用，促进教师的专业能力、研究能力的发展？……这些问题值得深入思考。

# 第六节　案例使用说明

## 一、适用范围

本案例依据统编教材内容，主要适用于农村中小学数学教师教育教学。

## 二、研修目的

本案例结合教师发展过程中的实际需求，以主讲教师课堂直播为主要形式，研修教师观摩学习吸收优秀的教学经验，同侪互教互学，取长补短，改进教学方法，提升教学能力，促进专业成长。以直播课堂支持的同侪研修为手段，使优质教育资源更好地实现"一对多"的异地共享，促进区域内城乡学校间教育均衡发展。

## 三、要点提示

　　本案例涉及的理论有同侪互助学习理论、教学过程最优化理论和混合式学习理论。同侪互助学习是指在两个或两个以上教师间发生的、以专业发展为指向，通过多种手段开展的、旨在实现教师持续主动地自我提升、相互合作并共同进步的教学研究活动。同侪互助学习理论认为，教师可以与同事或同伴保持互相信任和依赖的关系，共同规划教学活动、互相提供反馈意见和分享经验，拥有同侪互助者的教师比那些独自工作的教师更容易运用新的教学策略和方法。教学过程最优化是指在全面考虑教学规律、原则、现代教学的形式和方法、教学系统的特征，以及内外条件的基础上，从特定的标准来看最有效的教学方案或设计。混合式学习是指将在线学习与传统课堂学习相融合。2003 年，祝智庭对混合式学习的内涵进行了界定，认为混合式学习是指在"适当的"时间，通过应用"适当的"学习技术与"适当的"学习风格相契合，对"适当的"学习者传递"适当的"能力，从而取得最优化的学习效果的学习方式[1]。此处"适当的"主要指教学设计的方式，即如何混合；其设计方式比较灵活，可以采用翻转课堂的方式，也可以采用 SPOC方式等。混合式学习理论认为，只有将传统学习与在线学习结合起来，使二者优势互补，才能获得最佳的学习效果。

　　本案例的关注是在新课程改革不断深入、现代信息技术与课堂教育教学深度融合的情况下，教师如何提升自我专业素质，提高自己的教学设计能力，从而促进专业成长。本案例的关键能力点是基于远程教研平台（课堂直播平台）和网络研修平台，参与教师能将线上线下很好地结合起来，在"同课异构"这种教学形式中，结合学情和自身特色，合理地处理教学内容、灵活地选择教学方法、巧妙地设计教学流程等，使课堂教学效果达到"最优化"。本案例研修的思路是"分析现状—提炼问题—探讨方法—课堂展示—观课研课—反思小结"。

## 四、研修建议

　　为了充分体现同侪研修模式的价值，综合考虑农村学校日常教研、集体备课、农村教师普遍专业素质情况等因素，建议分三个阶段——"准备、实施、小结"来实施。①准备：制定研修计划，检查调试信息化设备、注册研修账号、制作"任务分工量化进度表"等，为完成同侪研修打下坚实的基础。②实施：以月为时间推进点，采用任务驱动的方式，严格按照"五步三轮"进行操作。技术负责教师

---

① 参见王国华，俞树煜，黄慧芳，等. 国内混合式学习研究现状分析[J]. 中国远程教育，2015（2）：25-31.

要及时创建课程，发布研修任务，并通过后方平台，查看并提醒教师参与学习。教师及时通过扫码参与互动学习。在研修过程中，富有经验的专家或教研员要发挥引领与指导作用，经常在网络上进行答疑解惑，确保研修活动向着健康、平稳的方向发展。③小结：做好小结和资料汇总。

# 第七节　专家点评

此次区域同侪研修活动充分利用了信息技术支持下的直播课堂，优化了教师的研修过程，以"一师一优课"和"周末课堂"为研修载体，使得研修过程条理化、精细化。线上线下的交流融合，多校、多人之间的相互学习、及时讨论，边实践边研究，边研究边反思，着力解决教育实践中的具体问题，改善教育行为，保障研修效果。教师在同侪互助网络研修活动中，信息交流平等、真实，尤其在观课、评课、议课中，点评是基于真实的课堂观察产生的真实数据和观察者的个人经验，而不是相互奉承、一片赞扬声。教师之间、教师与学校之间、学校与区域之间，形成了多层次的远程学习圈，体现了信息交流和资源交换原则。研修效果明显优于传统的研修活动，有助于教师专业技能的提升。

# 致　　谢

感谢贵州省铜仁市松桃苗族自治县同侪研修团队成员的积极参与，他们是：贵州省松桃县第二完全小学杨守萍、向绍红、徐平、龙雪梅等4位老师；松桃县第一完全小学杨莉和段红老师；松桃县实验小学邱应志、文思佳、唐莉等3位老师；松桃县教育局杨帆老师；松桃县教研员郭永渊、吴广胜、蒙黎、陈礼明等4位老师；松桃苗族自治县孟溪镇完小彭怡和秦敏老师；松桃县盘信镇民族完全小学王安静和涂逢松老师；松桃县大坪场镇完全小学杨亚琴老师。

# 第十章

# "4321 网络校本融合"的同侪研修模式实践探索[①]

① 作者：黄白晏，男，陕西省安康市岚皋县教育体育和科技局电教中心干事。

# 第一节　研　修　背　景

"互联网+"背景下，区域研修已经成为教师专业发展的重要途径。2018年7月，中央电化教育馆、华中师范大学与华南师范大学主办的"信息技术支持下的区域教研模式研究及试点"项目专家团队来陕西省安康市岚皋县调研，对线上教研提出了宝贵的意见。同年，陕西省岚皋县通过中央电化教育馆遴选，成为教育部—中国移动科研基金项目"信息技术支持下的区域教研模式研究及试点"的全国35个试点区之一。陕西省电化教育馆将该项目作为推进陕西省教育信息化2.0时代"互联网+教育"帮扶的重要内容，缩小城乡教师信息技术应用能力差距，促进教育均衡发展。2019年3月，岚皋县按照中央电化教育馆与华中师范大学的安排部署，结合岚皋县教师专业成长实际，确定了8个项目小组作为试点项目的学习共同体，利用信息技术手段，积极开展跨学校、跨学区的教学案例研讨、课堂观察分析、参与教学竞赛等区域研修活动，积极探索区域研修新路径。

近年来，安康市岚皋县教师研修一直深受传统研修方式的影响。传统的研修方式已不能满足教师差异化的成长需求，不能解决工学矛盾，不能快速整体提升区域教师素养；教师培训多由培训机构提供学习资源、专家进行主讲，教师们多是倾听者、记录者；听评课大多停留在感性的形象描述层面，缺乏一定的数据支撑。如何在信息技术支持下进行教师研修，弥补传统研修的不足，构建区域研修新模式，切实提高教师专业素养，为学生提供公平而有质量的教育是本项目要研究解决的问题。课题组围绕中小学语文、数学、英语三个学科，依托岚皋县教育信息化综合服务平台，通过探索岚皋县"4321网络校本融合"区域教师研修模式，逐步走出教师研修困境，推动县域提高教育教学质量。

# 第二节　研修活动设计

## 一、需求分析

安康市岚皋县山大人稀，沟深路险，乡镇学校相对分散、偏远，交通不便。

城乡师资配备不均衡，教师信息素养参差不齐，现行教研实行的是分片分组与到县集中相结合，以名师引领、同伴互助、自我反思的听课评课模式为主，送教下乡、送教到校、教育大视导为辅的传统教研形式。传统教研无法兼顾全体，不能满足差异化的教师成长需求，教师成长整体提升缓慢。在教育教学方面，迫切需要引领指导，促进课堂教学改革。区域内部分学校属于农村薄弱学校，离县城路途较远，交通欠发达，派出去、请进来的做法存在很大的安全隐患与工学矛盾。因此，我们尝试设计岚皋县"4321 网络校本融合"区域教师研修模式，以解决目前区域教师研修的困境。

## 二、研修目标

在县教育行政部门统筹协调、高起点规划的基础上，以问题为导向，利用网络技术，创建教师共同体，整合网络研修与校本研修，引领"线上学—线下研"活动，实现研修"小组—学校—区域"的优质教育资源共享，提升培训层次，促进教师专业成长，提高区域内整体教育教学水平。具体目标如下：①积极探索"互联网+教研"综合研修模式；②形成适合安康市岚皋县实际的区域研修模式；③在试点基础上，力争该模式在其他区域复制、推广。

## 三、研修内容

安康市岚皋县课题组把区域内教师按照学段和学科分成小学语文、小学数学、小学英语、中学语文、中学数学、中学英语 6 个小组，确定研修内容，进行线上线下互动研磨，课堂教学实践线上直播、线上专家实时点评，教研员专业精准辅导，研修教师反思、课堂再实践。中学语文研修文言文教学的文与言的融合；中学数学研修如何有效整合与处理数学教材内容；中学英语研修如何培养初中学生英语的听说兴趣和能力；小学语文研修如何有效落实语文要素，用好统编教材，如何在小学古诗词教学中丰富学生的语言积累；小学数学研修 PPT 课件与课堂教学深度融合实践研究；小学英语研修网络环境下如何创设小学英语课堂有效情境。

## 四、研修活动设计

安康市岚皋县教育行政部门结合县教育生态实际需求统筹协调，通过对区域研修、网络研修不断研究和探索，总结凝练出了适合本地区的网络教研模式，即"4321 网络校本融合"教师研修模式：教师从四个维度分三个阶段研修，以线上网络研修和线下校本研修两线融合,围绕教师专业发展这个中心的精准且"智慧"的一种教研模式(图 10-1)。

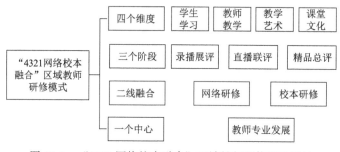

图 10-1　"4321 网络校本融合"区域教师研修活动设计

(一)四个评价维度,实现精准教研

把课堂教学要素细分成学生学习、教师教学、教学艺术、课堂文化四个评价维度。每个维度又细化成不同的观察视角,这样就可以全面、系统、客观地分析课堂教学的效度,并从中发现课堂教学的优缺点,供授课教师及研修小组其他人员借鉴或改进,从而达到精准教研。其中,学生学习观察视角有准备、倾听、互动、自主、达成;教师教学观察视角有环节、呈示、对话、指导、机智;教学艺术观察视角有目标、内容、实施、评价、资源;课堂文化观察视角有思考、民主、创新、关爱、特质。

(二)三个研修阶段,提高教学水平

第一阶段,小组推选一人上示范课,录播展评,实现"线上学—线下研"目标。通过研修成员分维度在网上教研平台"四维"教研,聚焦教学问题,并在专家老师及项目管理员的专业引领下进行网络学习,这是"线上学"。利用网络平台,结合网络研修成果,将其内化进行校本研修活动,这是"线下研"。

第二阶段,培养对象上直播汇报课,研修组现场点评,其余教师线上"四维"联评。网络"四维"教研的目的在于通过分维度、分角色教研,利用教研平台大数据智慧分析,解决教师个人课堂遇到的教学短板,组建教师共同体,实现校本研修从粗放向精准智慧教研提升,促进形成教师在工作中学习、研究、发展的常态,即区域研修从项目任务化到常态化的转变。

第三阶段,每个研修成员录制一节精品课并上传平台,专家总评,实现区域共享目标。研修的落脚点最终落到教师的整体发展。通过此次区域研修项目,实现研修"小组—学校—区域"的教学资源共享,解决协作区教师队伍建设中存在的教师教学能力的问题,提升协作区的整体教育教学水平(图 10-2)。

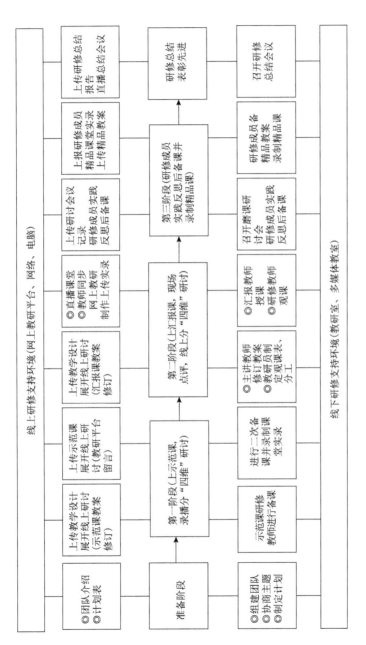

图10-2　"4321网络校本融合" 区域研修活动流程

（三）两条主线融合，整合教研活动

两条业务线相互交织，一条是线上网络研修，另一条是线下校本研修。两条线均是以培训者、教研员、专家名师、校长、校业务管理员、参培学员为主体开展培训业务。两条线既有相交的部分，又有平行的部分。同时，教师通过线上网络研修与线下校本研修的融合，把两个不同形态的教研活动有机整合成一个研修整体。

（四）一个发展中心，提升教师能力水平

教师的专业发展是教师研修的中心。网络研修与校本研修的整合培训最终服务对象是教师教学。网络研修和校本研修都是以教育教学实践中遇到的问题为立足点，从教师教学方式和学生学习方式的转变切入。教师网络研修通过理论学习、案例分析、课例视频、研修沙龙等方式探讨和解决教师教学存在的问题；校本研修通过各学员"实践—反思—再实践—再反思—再实践"，以面对面的小组帮扶、经验交流、调查研究、问题解决、协作解决、教学咨询指导、说课听课评课等研修模式，不断更新教师观念，不断改善教学行为，不断提高教学效果，促进学生发展和教师自我提升。

# 第三节　研修活动实施

## 一、研修对象

以安康市岚皋县"三级三类"中青年骨干教师为研修主要对象，并从中遴选确定青年教师为培养重点，组建以省级教学能手和教研员为成员的专家团队，从而形成教研协作片区研修共同体。

## 二、研修环境

安康市岚皋县实现互联网校校通、多媒体优质资源班班通、网络学习空间人人通"三通"全覆盖，并积极推动教育信息化的应用[①]。岚皋县建设了岚皋县教育信息化综合服务平台，开设了网络教研、资源共享、直播空间等端口，开发了网上评课系统和实时点评系统。借助岚皋县教育信息化综合服务平台"网络教研"专栏开展线上网络研修（图 10-3），借助"连片协作"开展线下校本研修。线上线下相结合，网络研修，连片互动。同时，创建了"岚皋教育信息化"微信公众号，及时发布试点项目动态和各类相关资讯。

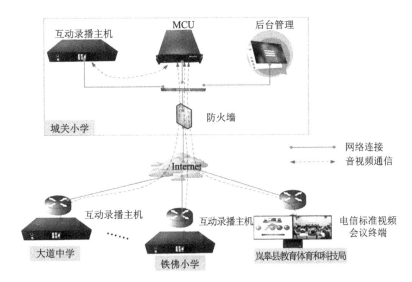

图 10-3　岚皋县教育信息化服务平台架构

## 三、研修活动实施过程

### （一）制定工作方案与试点活动计划

为有序推动试点工作，确保区域教研模式研究取得实效，岚皋县教育体育和科技局在 2019 年 4 月 25 日召开了项目试点会议，5 月 8 日印发了项目实施方案，实施方案从项目意义、项目目标、项目内容、实施步骤、工作措施、组织保障等六个方面对区域研修作了安排和部署，明确了部门与学校的责任、研修组各角色的目标与任务。研修项目的工作思路计划分三个阶段进行：第一阶段，小组推选一人上示范课，录播展评；第二阶段，培养对象上汇报课，直播现场点评；第三阶段，每人录制一节精品课，所有参与人员完成各自研修任务并上传。教研员与

---

① 方良庭. 岚皋：聚焦优质均衡，加快推进教育现代化进程[EB/OL]. (2018-09-05) [2022-07-10]. https://www.ankang.gov.cn/Print.aspx?id=156546.

专家指导贯穿始终，项目课题组收集资料，形成研究报告。同时，我们将任务驱动、小组学习贯穿项目全过程，要求各学科组突出示范引领，围绕案例和示范课研课磨课，就地取材开展线上线下研讨，交流分享，在互动中，研修组学员真正成为学习成长的主体。

（二）完善网络与教研平台建设

安康市岚皋县教育信息化综合服务平台以网络教研（图 10-4）、教学资源库、实时课堂为中心，针对师生实际需求，搭建跨学科、跨地区、多角度的协作研修平台。该平台促进了岚皋县优秀资源的动态整合、共建共享与优化配置，形成了更新的教育资源服务体系。岚皋县教育信息化综合服务平台有专用服务器，且由专人进行管理与维护，聘请有编程工程师负责远程更新与后台管理。岚皋教育信息化微信公众号平台，及时发布试点项目动态和相关资讯。

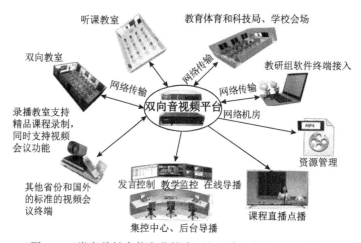

图 10-4　岚皋县教育信息化综合服务平台网络教研网络架构

（三）以项目为抓手，整合开展多种教研教改活动

（1）第一阶段，小组推选一人上示范课，录播展评。2019 年 4 月 24 日在安康市岚皋县城关小学召开"信息技术支持下的区域教研模式研究及试点"项目陕西省岚皋县启动仪式暨"利用互联网技术开展县域内网络教研的研究与实践"开题仪式（图 10-5）。

2019 年 9 月 20—27 日开展教育部—中国移动科研基金"信息技术支持下的区域教研模式研究及试点"项目岚皋县工作推进会（图 10-6），同时按照"4321 网络校本融合"研修模式开展网络教研工作，并督导第一阶段完成情况。

图 10-5　"信息技术支持下的区域教研模式研究及试点"项目陕西省岚皋县启动仪式

图 10-6　试点项目推进会

（2）第二阶段，培养对象上汇报课，直播现场点评。2019 年 10 月 14—18 日，安康市岚皋县直播课堂同侪研修活动采用全程直播的方式，研修组现场观课议课，各校教师在本校线上同步教研，专家远程点评，线上线下结合，区域互动，全县推进，并制作视频上传到平台供大家回看、研讨（图 10-7）。

图 10-7　2019 年岚皋县直播课堂同侪研修活动

（3）第三阶段，每个参研成员录制一节精品课并上传平台，完成各自的研修任务，实现区域共享目标。2019 年 10 月 28—11 月 15 日，安康市岚皋县教育体育和科技局开展"2019 年岚皋县创新课堂暨录播精品课大赛"，同时开展网络教研工作，所有教师可以凭自己的账号在岚皋县教育信息化综合服务平台上评课。

# 第四节　研　修　反　思

## 一、研修成效

通过为期一年的研修实践，信息技术支持下的安康市岚皋县"4321 网络校本融合"的区域教师研修模式，让研修主题更具体，研修目标更明确，研修效果更显著，研修渠道更广泛。线上线下研课磨课 40 余次，观课议课图片资料 500 余张；线上教研评论 1000 余条，线上线下参与师生 3000 余人次，直播四次，课堂实录 100 余节。研修组现场观课议课，各校线上同步教研，专家远程点评，线上线下结合，区域互动，全县推进，成果丰硕，激发了岚皋县教研教学的活力，成为岚皋县教师快速成长、教育质量提升的新模式。

（一）"线上磨课"有实效

线上磨课活动有两套操作系统：一是由协作区牵头、骨干教师及工作坊成员任"磨刀石"的磨课，磨课的对象是工作坊培养对象；二是由各校教研组牵头的磨课，磨课的对象是年级组里的某一成员。

（二）融合教研活动有模式

工作室（坊）、教研组、县域内外多方联动，名师、教学能手、教研员、教师携手共进，工作流程为：建团队，细分工，巧研磨，做示范；助同伴，多活动，真研修，同进步；搭平台，展风采（成果），集资源，惠大众；建机制，抓考核，促发展，提质量。

（三）线上研讨有平台

以 QQ 群、微信群、岚皋县教育信息化综合服务平台、岚皋教育信息化微信公众号平台、博客等作为开展校本研修的有效载体，积极为教师搭建课改学习、交流平台。

（四）教师研修成果有出口

教师的研修实效应该体现在课堂上，通过课堂的改进提高教学质量，通过直录播，把教师的课制作成课堂实录，切片成小视频等展现在平台上，也可参加各级各类大赛，让教师在多个舞台展现风采，激发了教师研修的热情。

## 二、研修特色

（一）融合教研，提质增效

自项目试点以来，我们开展了"直播课堂同侪研修活动""智慧课堂实录课展评大赛暨网上教研活动"，以及"江苏常州天宁区与岚皋县联合举行'互联网+课堂教学范式'发展与应用项目远程互动研讨活动"，苏陕协作，尝试了远程同屏互动教研，"安康市第 13 届小学语文青年教师素养大赛"首创了同屏直播、分屏教研的形式；还有展示研修教师成果的安康市岚皋县创新课堂暨录播精品课大赛等活动。这些活动形式多样，包容整合，融合校本与网络，打通了电教、教研、师训等部门，共同助力教师成长。各校在本校线上听课、评课，尽可能降低工学矛盾，让所有学科教师都可以参与进来，实现共同成长。从活动数据与各校上传的图片资料上看，效果良好。例如，岚皋县民主小学的同步课堂，官元九年制学校每人在办公室听评课并上传评课截图圈出自己的留言，六口小学、柏杨小学、平溪小学等十余所学校集中观课并网上评课，教师们不仅取得了教学上的进步，还提升了信息技术应用能力。还有的学校观看课堂直播，结合传统听课模式将听课感受记录在听课笔记本上，这种方式虽不是本项目所提倡的，但观课教师也一定有所收获，促进了专业成长，提高了教育教学水平。

（二）主题教研，有的放矢

研修组在先期研磨直播公开课时，每个学科组都设置了一个研讨问题，这个问题也许是教学中的困扰，也许是学科教学中必须要解决的问题，也许是团队申报的课题。活动期间，各研修学科团队围绕自己的研讨主题来设计教学方案，进行课后现场研讨。研讨主题贯穿始终，既让研修组有了第一手资料，让全县学科教师有了观课的角度和方法，也为学习共同体研修提供了一种新途径，实现有的放矢的教学研究。

（三）同侪研修，区域共进

网络教研以其省力、省时、省钱、可重复利用等优势，包容整合了多种活动。无论直播课堂同侪研修活动、智慧课堂实录课展评大赛暨网上教研活动，还是小学青年语文教师素养大赛，苏陕协作远程同屏互动教研活动等，都是依托自建的网络平台，区域内教师分校区分学科，以互联网为载体，线上线下团队互动研磨，课堂教学线上直播（录播），线上专家实时点评，教研员专业精准辅导，研修教师反思、课堂再实践，录制报送精品课，通过这样一个研修路径进行实践教研。教师们依托项目活动，构建起"教学设计+研磨+讲授+反思+点评+再实践+录制+展示"的创新教研形式，有效整合了校本研修、送教下乡、名师工作室（坊）、一师一优课、微课、创新课堂大赛等教研或电教部门的活动，同侪研修，区域共同进步，最终形成了安康市岚皋县"4321网络校本融合"的区域教师研修模式。

## 三、研修小结

通过为期一年的研修实践，区域试点项目凝聚了安康市岚皋县大批教师的智慧，是一次多团队携手共研、网络与校本深度融合的教师研修探索，是一次打破传统、教师研修模式转型的创举，必将成为区域教师卓越成长的有效研修路径。信息技术支持下的"4321网络校本融合"区域教师研修模式，让研修主题更具体，研修目标更明确，研修效果更显著，研修渠道更广泛。线上线下结合，区域互动，全县推进，成果丰硕，带动与激发了岚皋县教研教学的活力，成为岚皋县教师快速成长、教育质量提升的新模式。这是一种"互联网+教研"的综合研修模式，必将为区域间教师研修提供有益借鉴，为区域教育优质均衡发展积累经验。

网络研修与校本研修融合是时代发展对教师提出的新要求，但要做到更加智能与精准，还有许多工作要做，安康市岚皋县准备进一步加强网络教研平台建设：①对平台网络教研的四个维度进一步完善，教师研修研讨后，增加平台后台抽取高频热词进行前端显示的功能，智能分析教师课堂的优缺点；②在网络平台增加对教师参与的统计，使学校的参与度，参研教师、教研员及参与时长等一目了然，并对学校与教师的参与作出星级评价，跟踪调查研修的有效性。

# 第五节　案　例　思　考

网络研修是时代发展对教师提出的新要求,虽然它有许多优点,但不是万能的。

(1)如果教师不善于学习,不积极参与网络研修活动,没有及时在每一次活动后进行反思、总结,那么对于教师的专业化成长的帮助将大打折扣。怎么才能有效激发教师的内在动机,以实现自我管理、真正自主研修的目的?

(2)网络平台是开放的,哪些数据是真实的,哪些是有效的,这些都值得思考。如何采用评价手段来有效监控学习过程?

# 第六节　案例使用说明

## 一、适用范围

本案例依据统编教材内容,主要适用于中小学教师线上线下研修。

## 二、研修目的

本案例结合教师发展过程中的实际需要,形成分阶段、有层次的研修模式,用于促进教师专业能力发展以及信息技术与学科教学的融合研究。

## 三、要点提示

本案例涉及的理论有协作学习理论。协作学习(collaborative learning)是一种通过小组或团队的形式组织个体进行学习的一种策略。小组成员的协同工作是实现团队学习目标的有机组成部分。小组协作活动中的个体可以将其在学习过程中探索、发现的信息和学习材料与小组中的其他成员共享,甚至可以同其他组或全班同学共享。协作学习目前已经成为一种学习模式,在传统的班级授课和信息技术学习环境中得到了广泛应用。协作学习模式是指采用协作学习组织形式促进学生对知识的理解与掌握的过程，通常由 4 个基本要素组成，即协作小组、成员、辅导教师和协作学习环境。协作小组是协作学习模式的基本组成部分，小组划分方式的不同，将直接影响协作学习的效果。通常情况下，协作小组中的人数不要太多，一般以 2—4 人为宜。

本案例的关注点是在新课程改革不断深入的背景下，教师如何提升自我专业素质，提高自己的教育教学能力，从而促进专业快速成长。

本案例的关键能力点是基于安康市岚皋县教育信息化网络教研平台，参与教师能将线上线下教学研修很好地结合起来，在四个维度三个阶段的研修中，结合学情和自身特色，有效地学习与借鉴，把优秀的教学方法与巧妙的教学设计流程，融合运用到自己的教学中，从而实现自我与团队的快速专业成长。

## 四、研修建议

为了充分体现同侪研修模式的价值，综合考虑学校日常教研、集体备课等因素，建议以三个阶段来开展实施。

第一阶段：小组推选一人上示范课，录播展评，实现"线上学—线下研"目标。

第二阶段：培养对象上汇报课，直播现场点评，实现区域研修目标。

第三阶段：每个参与研修成员录制一节精品课并上传平台，完成各自研修任务，做好小结和资料汇总，实现区域共享目标。

# 第七节　专　家　点　评

安康市岚皋县开展"信息技术支持下的区域教研模式研究及试点"项目的研究，通过设计具有开放性、成链条的系列研修活动，有机整合了教研、科研、培训等，促进教师一体化、多方位、全面发展。充分利用信息技术手段优化了教师研修过程，借助岚皋县教育信息化综合服务平台"网络教研"模块，使得研修过程条理清晰、目标明确、精准到位，线上线下结合，区域互动，全县推进，及时的互动点评和数据分析调动了教师参与研修活动的积极性，保证了此次教师研修的效果。参与此次研修活动的教师都非常积极地参与每一个环节的交流分享，互相研讨，共同提升。教师教学设计思路清晰，教学任务具有梯度性，教学方法选择合理、目的性强，多元化的评价方式有助于教师成长。本次研修活动，充分展示了陕西省安康市岚皋县的教师教学智慧，达到了研修的预期目标，这为教师的专业化发展指明了方向，成为教师快速成长、教育质量提升的新模式，也必将为区域间教师研修提供有益借鉴，为区域教育优质均衡发展积累经验。

# 致　　谢

　　感谢陕西省安康市岚皋县区域同侪研修团队成员的积极参与，他们是：岚皋县教研室副主任宋刚先，教研员周鹏、单琴、王永兰、张莉、李涛等；中学语文东部片区黄平东、梅雁琳、文祖敏、周平、马琪、陈新文、冉俊雅、王孝凤、赵佳佳等 9 位老师；中学数学东部片区吴太宝、吴军、龚凌云、曾兰、赵元鹏、任琼、宁静、祝振军、娄康、操婷、熊贤飞、兰天飞、张俊、艾芮民等 14 位老师；中学英语片区程文娇、李阳、余静、刘春艳、张飞燕、王欢、张静、冉晓霞、李双双、钱从秀等 10 位老师。

# 第十一章

# T&E 同侪研修模式设计与应用研究[①]

① 作者：何毅，男，重庆市渝中区大坪小学副校长，小学高级教师；张玺，男，重庆市渝中区大坪小学数学教师，小学二级教师。

# 第一节　研　修　背　景

教育大计，教师为本。在 2019 年 6 月 23 日发布的《中共中央　国务院关于深化教育教学改革全面提高义务教育质量的意见》中提出了"促进信息技术与教育教学融合应用。推进'教育+互联网'发展""大力提高教育教学能力""建设高素质专业化教师队伍"等要求。作为教育大计之本的教师，所具备的教学、教研能力也就成了深化教改、提升质量的关键与核心。而实施校本研修是提升教师教学水平、教研能力，促进教师专业发展的有效途径和必然选择①。

集团化办学已成为办学体制创新、促进教育优质均衡发展的重要举措。为了实现区域优质资源共享，发挥强校示范引领作用，2019 年 5 月在重庆市渝中区政府和区教育委员会的领导安排下，成立了以重庆市渝中区大坪小学为龙头校，重庆市渝中区石油路小学、重庆市渝中区红岩小学、重庆市渝中区肖家沟小学为成员校的重庆市渝中区大坪小学教育集团，以集团化发展促进教育优质均衡发展。但是集团成立后，产生了很多亟待解决的具体问题，譬如校点分散，各校点在教学上各自为政，水平参差不齐，开展教师研修活动存在教师集中难、共享难、交流难、认可难的问题。为实现发挥集团化办学的优势，克服已存在和新产生的问题，以促进教师团队协作，提升教学教研能力，以满足教师专业发展需要的校本研修为出发点，集团主动承担了教育部—中国移动科研基金项目"信息技术支持下的区域教研模式研究及试点"的研究实验，以期通过研究实践，促进集团化办学优质资源的共建、共享，创新集团化办学背景下的教师研修模式，实现既缩短教育集团各成员校间的时间和空间差距，又缩小教学水平和教研能力上教师之间的差距、学习水平和学习能力上学生之间的差距。

同侪研修模式是一种两个或两个以上的教师同事一起检查，反思教学情形，扩展，精进，建立新的教学技巧，分享教学理念与想法，互相教导，共同做研究，或在现场解决遇到的困难问题②。在本案例中，同侪研修具体包括同侪互研、同侪互助、同侪互教、同侪互学等。如图 11-1，T 即 together，意为一起、同时，这里指一起或共同研究。E 即 each other，意为彼此、互相，指互助、互评和互议。T&E 同侪研修是指以突出课例共研与课例互研为显著特点的一种同侪研修模式，其中共研关注教学研究，是让参与教师对同一课例进行课堂观察，分析问题，查找原

---

① 张春丽. 校本研修是全面促进教师专业成长的有效途径[J]. 教书育人，2019（14）：54-55.
② 王永和. 同侪互研模式——闵行区 Moodle 教师培训新方式[J]. 中国信息技术教育，2008（5）：73-74.

因，落实改进办法，达成研究共识；互研关注教学实践，让参与教师各自根据共研共识进行教学实践，再进行相互研讨，提出改进策略。共研指向提升教师的教研能力，互研指向提升教师的教学水平。

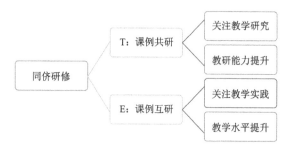

图 11-1　T&E 同侪研修概念图

另外，远程互动教学是相对于一个教室内面对面教学的另一种形式，它让老师和学生即使身处不同空间，仍能进行教学与学习活动，用来解决教育受到地域限制的问题。它为进行传统教育有困难的地方提供了教学、交流、互助的机会[①]。远程互动教学在当前网络带宽容量大增及视频会议系统广泛应用的条件下，一般均采用即时同步互动的教学，因此本章中的远程互动教学均指即时的远程直播同步互动教学。

最后，"问题提出"是在数学学习经验的基础上，学生对特殊情境建构个人诠释，并将其刻画为有意义的结构良好的数学问题的过程。学生自己发现和提出问题是创新的基础，同时又可以促进教师思考教学方式的转变，因此"问题提出"既包括学生的发现和创新的"问题提出"，又包括教师对"问题提出"的教学与引领[②]。

# 第二节　研修活动设计

## 一、需求分析

集团化办学是实施教育优质均衡发展的重要举措，为推动重庆市渝中区教育

---

① 王绪溢. 远程同步互动教学研究[J]. 福建基础教育研究，2017（9）：20-24.
② 孙雨澜. "问题提出"的教学研究综述[J]. 数学教学，2018（3）：17-21，47.

优质均衡发展，经区政府、区教育委员会研究决定，成立了重庆市渝中区大坪小学教育集团，目的是提升集团成员校整体办学质量。教育优质均衡发展的核心之一就是优质师资力量的均衡，而优质的师资不是凭空而来，而是植根于学校文化和建设发展之中，源于学校对教师专业成长的促进和推动。实践证明，校本研修是教师专业成长的重要途径和必然选择，通过有效的校本研修才能实现教师教学水平与教研能力的提升。因此，基于集团化办学的背景需要，设计和应用有效的校本研修模式，以实现集团化办学的优质资源共建、共享，真正发挥教师研修的作用，提升教师教学水平和教研能力，促进教学方式的优化、学习方式的转化，推动集团化整体办学质量提升。

## 二、研修主题设计

自 2016 年 9 月教育部牵头研究制定并发布《中国学生发展核心素养》以来，教育进入"核心素养"时代，但如何在学科教学中使核心素养落地，仍需积极探索。我们在培育核心素养的课堂教学研究中，利用智慧教学平台，对练习设计从学习态度、时间观念、书写规范、习惯养成、知识掌握、思维创意六个维度进行指标统计，绘制练习设计目标雷达图，从图 11-2 中可以看出，目前练习设计中学习态度、时间观念、书写规范、习惯养成、知识掌握等方面指数相对较高，而在思维创意方面的指数很低。在教学中普遍存在思维层次较浅的表面式教学，以及形式大于内容的表演式教学，因此从教学的角度看，要使核心素养落地，必须实现"深度教学"。深度教学的目的就是要培养学生的高阶思维，促使培育创新能力的深度学习[1]。提问能够促进思考，而思考是深度学习的起点。因此以"问题提出"激发学生深度思考，激活创新思维，是促进学生深度学习的重要举措[2]。我们确定以"问题提出"为研修主题，围绕该主题来探索促进学生深度学习的深度教学研究，提升教师教学水平和教研能力。

图 11-2　练习设计目标雷达图

① 罗祖兵. 深度教学："核心素养"时代教学变革的方向[J]. 课程・教材・教法，2017，37（4）：20-26.
② 孙玉生. 基于学生提问的深度学习[N]. 中国教师报，2017-12-13（5）.

## 三、研修目标及内容设计

### （一）研修目标设计

基于集团化办学背景，充分利用"信息技术支持下的区域教研模式研究及试点"工作的平台优势、资源优势，搭建"大坪小学教育集团同侪研修工作坊"，围绕"问题提出"的研修主题，以任务驱动进行异校间远程互动教学课例共研与教师间教学实践体验课例互研，旨在提升教师教学水平和教学能力，推动信息技术与教学融合研究，促进教学方式优化和学习方式转变，形成基于集团化办学的教师研修范例，探索实施集团化办学的优质资源共建、共享，优势互补的方式、方法和途径，实现集团化整体办学质量的提高。

### （二）研修内容设计

（1）基于集团化办学背景，开展信息技术支持下的"T&E 同侪研修模式"理论体系构建、技术应用及模式流程设计的研究。

（2）围绕研修主题开展"T&E 同侪研修模式"下的远程互动教学课例共研，形成课例共研范例。

（3）围绕研修主题开展"T&E 同侪研修模式"下的教学实践体验的课例互研，形成课例互研范例。

### （三）重点及难点设计

重点：围绕"问题提出"的研修主题开展课例共研与课例互研，研讨如何引领学生的"问题提出"，激活学生的创新思维，引导教师思考和实践：如何实现教学方式的优化和学习方式的转变，进一步提升教师的教学水平和教研能力，从而真正实现引领学生深度学习，促进教师专业成长的目标，并带动教育集团各成员校整体办学质量提升，彰显集团化办学优势。

难点：教师如何开展引领学生"问题提出"的教学，实施在不同层次的学生班级间的远程互动教学；如何引领教师积极主动有效参与到研修活动全过程，真正实现教师的教学水平和教学能力的提升。

## 四、研修流程设计

基于集团化办学背景，有效的教师研修要克服传统教师研修主题不明确、活动缺实效、形式较单一、参与认同度较低等方面的不足，克服研修中存在的活动盲目性、任务随意性、内容不专业、协作性不足的问题。因此，要从管理、主题、内容、形式、专业、组织等方面全面思考，完善研修设计。①加强研修的组织管理，搭建由集团各学校校长组成的"大坪小学教育集团同侪研修工作领导小组"负责研修工作的组织管理，保障研修工作的有序推进。②明确研修的主题目标，以"问题提出"为研修主题，倡导优化教学方式，实施让学生自己发现和提出问题的深度教学，促进教师研究和实践，提升教师的教学水平和教研能力。③加强研修的研究管理，组建"大坪小学教育集团同侪研修工作坊"负责研修的设计与实施，聘请技术专家与小学数学学科教学的指导专家，引入名师工作室学员参与共研，丰富研修的专家资源和人员构成，确保研修的学术专业性和团队协作性。④丰富研修活动设计，围绕研修主题以任务驱动开展课例共研、课例互研、线上线下混合式研讨交流等形式的研修活动。研修中为克服集团校各校区教师参与研修存在的集中难、共享难、交流难的问题，采用远程视频同步互动教学系统开展集中的课例共研，在中国教师研修网上的"重庆渝中区研修社区"建立了"大坪小学教育集团同侪研修"工作坊，实施在线课例互研及研讨交流。⑤兼顾集团化办学发展。在远程互动教学的安排上选择在大坪小学与肖家沟小学的学生间开展，发挥集团化办学的引领优势，促进以农民工子弟为主的肖家沟小学师生的发展。

　　鉴于上述设计分析以及研修重难点，以信息技术支持下的区域教师研修模式——同侪研修模式为基础，建构以"课例共研、课例互研"为特色的"T&E 同侪研修模式"，并结合人员组成、设施设备、研修目标、研修主题、研修特色等设计了"T&E 同侪研修模式"研修流程，将研修分为 4 个阶段（图 11-3）。

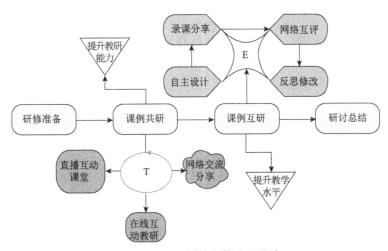

图 11-3　T&E 同侪研修流程设计

　　（1）研修准备阶段，其任务主要有撰写研修方案，建立研修团队，熟悉研修平台，学用分析工具，确定研修主题，制定研修计划，添置研修设备。召开研修工作的筹备会，进行相关培训、安排和部署，为后期研修工作在研修任务、人员组织、技术支持、物资保障等方面做好统筹安排。

（2）课例共研阶段，实施以直播互动课堂、在线互动教研、网络交流分享为主的课例共研。课例共研阶段进行至少两轮教学与教研，弄清研修问题及解决办法；在专家指导下，全体参研教师共同合作进行一个课例的研究，根据研修主题制定课堂教学观察量表，运用工具分析（S-T 分析和 Rt-Ch 分析），通过不同角度观察，共同研究课例，实时探讨疑惑，提出改进意见和建议，然后再次实践进行验证、观察、分析和研究。课例共研的过程，既是解决教学实践问题的过程，也是对研修主题达成共识，提升教师教研能力的过程。

（3）课例互研阶段，围绕研修主题，开展人人参与的自主设计，录课分享，网络互评，反思修改等。

（4）研讨总结阶段，开展主题研讨、交流总结等研修活动。

# 第三节　研修活动实施

## 一、研修对象

研修学科为小学数学，参与研修人员共 25 人，其中大坪小学教育集团同侪研修工作坊成员 11 人，王虎名师工作室成员 14 人，以室校合作、课例共研、课例互研的方式组织进行研修。

## 二、研修主题

学生自己发现和提出问题是创新的基础，同时又可以促进教师思考教学方式的转变，为此确定了以数学计算教学的"问题提出"为研修主题，旨在让参与的教师通过研究数学计算教学的"问题提出"关注学生以数学计算学习为例的深度学习、创新学习；关注教师教学行为的问题，进而探究教师实现深度教学的方法与策略，推动教师教学方式的转变，提高教师教学水平和教研能力。

## 三、研修环境

在远程视频同步互动教学系统以及网络研修社区等平台下，开展课例共研及线上线下的混合式课例互研。

远程互动教学，指远程直播同步互动教学，通过互联网使用视频会议技术进行教与学，不受地理因素束缚、不受时间空间限制，为进行教育教学或需要沟通交流的地方提供了机会和方便，搭建沟通和交流的平台，有助于不同类别间、不同区域间的交流与互助。本课例共研，在大坪小学的一个班级进行现场教学，肖家沟小学的一个班级通过远程视频同步互动教学系统远程接入，同步上课，互动教学，石油路小学和红岩小学的教师通过远程视频同步互动教学系统远程接入，进行观课并在课后进行同步互动教研，评课议课。同时通过中国教师研修网"重庆渝中区研修社区"建立三个网上研修工作坊（网上研修社区），上传课例开展线上及线下的课例互研。

## 四、研修活动过程

### （一）研修准备

在开展研修工作的准备阶段，撰写了研修实施方案，组建了由各学校数学骨干教师组成的大坪小学教育集团同侪研修工作坊，并组织召开了研修工作筹备会，会上由本次研修的指导专家李立、王虎分别就研修意义、方案设计、实施策略、研修主题、注意问题等进行了专题指导（图11-4），由同侪研修工作坊坊主就研

图 11-4　研修准备——召开研修工作筹备会及会议议程

修平台（网上研修社区）的熟悉、分析工具的使用、研修计划的安排、研修硬件的准备等进行了介绍和培训，同时对研修工作的实施进行了安排和部署，建立了研修微信群，用于联系，每个校点分别指定了一名负责人，负责研修工作的组织，落实任务，确保技术支持和物质保障。

（二）课例共研

课例共研活动前，由专家王虎指导张玺老师进行共研课例的准备。全体参研教师通过微信群开展在线研讨，同侪研修工作坊组织全体观摩教师围绕研修主题和观察角度分别制定了课堂教学观察量表（表 11-1），有教师提问类型及数量观察表、教师理答方式观察表等。

**表 11-1  课堂教学观察量表**

| 观察者： | 学校： | | 执教者： | | 学科： | | 上课时间： |
|---|---|---|---|---|---|---|---|
| | 研修主题： | | 课题名称： | | 年级： | | 上课地点： |

（a）教师提问类型及数量观察表

| 教学环节 | | 鼓励回答的技巧 | 对学生回答的批评 | 对学生回答鼓励 | 重复提问或答案 | 鼓励学生提出问题 | 追问次数 | 打断代答 | 不予回应 | 其他 | 观课心得及建议 |
|---|---|---|---|---|---|---|---|---|---|---|---|
| 课堂导入 | | | | | | | | | | | |
| 动手展示 | 动手操作练习 | | | | | | | | | | |
| | 展示共享 | | | | | | | | | | |
| 讨论小结 | 讨论小组研究 | | | | | | | | | | |
| | 课堂小结 | | | | | | | | | | |
| 课堂生成问题举例 | | | | | | | | | | | |
| 通过讲述解决问题 | | | | | | | | | | | |

（b）教师理答方式观察表

| 课堂环节 | | 记忆型 | 理解型 | 应用型 | 分析型 | 评价型 | 创新型 | 其他 | 观课心得及建议 |
|---|---|---|---|---|---|---|---|---|---|
| 讲述（通过讲述解决问题） | | | | | | | | | |
| 动手展示 | 动手操作练习 | | | | | | | | |
| | 展示共享 | | | | | | | | |
| 讨论小结 | 讨论小组研究 | | | | | | | | |
| | 课堂小结 | | | | | | | | |
| 课堂生成问题举例 | | | | | | | | | |

　　然后由同侪研修工作坊组织全体参研教师开展课例共研活动（图 11-5），对大坪小学张玺老师执教远程互动现场教学课例"两位数的除法"一课进行课堂观察。该课用国庆阅兵视频引入，教师有意识地让两端的学生通过远程视频同步互动教学系统进行交流，说出感受，让学生熟悉远程互动教学这种上课方式，减少两个学校学生之间的距离感，增进认识，为提出问题、互助交流奠定基础。

图 11-5　同侪研修工作坊坊主何毅主持远程互动教学研修活动

　　接着教师出示例题让学生以独立思考、远程互动交流的方式（图 11-6），用估算、画图和列竖式等方法来进行计算。这里由老师提出："你还有什么疑问吗？"将学生思考引向深入，为学生质疑、提出问题做好铺垫。

　　在学生提出问题，交流讨论中，两边学生通过互动交流，集中提出并解决了三个问题：①为什么商 3？②3 商在什么位置？③90 怎么来的（表示什么意思）？

　　问题的提出和解决，很好地体现了远程互动平台的意义和作用，两边的学生通过这样的交流方式，抓住并解决了该课的重难点。

　　接着老师组织开展了互动练习和点评交流的学习活动，由老师提出："谁能来当小老师？给大家说一说你是怎么算的。"让两边课堂的孩子，通过远程视频同步互动教学系统，相互学习，共同思考，共同解决问题。在实际教学过程中，两个学校的孩子都能相互讲解和点评对方同学的方法，并提出自己的问题。

　　最后老师组织开展互动提问游戏，由两个学校的学生互相为对方抽取题目，在实际教学中，学生非常感兴趣，并且能够及时反馈信息，纠正错误，非常好地反映了远程互动教学的优势。

图 11-6　张玺老师利用远程视频同步互动教学系统进行授课

现场教学结束后，参与教师及专家通过远程视频会议系统，就远程互动教学和课例的课堂观察，开展远程互动的课例共研（图 11-7）。

图 11-7　专家及教师通过远程视频会议系统开展远程互动教研

在课例共研中大坪小学雷正老师认为：该课中学生的回答都基本能弄清问题意

图，不偏离问题，说明老师的提问准确有效，学生学习投入专注，但老师提出的重要问题有 13 个，显得重要问题太多，对课堂教学的有效落实值得商榷，老师抽学生回答问题的数量显示，对中间位置学生的关注度大幅高于对两边学生的关注度。

石油路小学陈艺老师指出：课堂上教师提出的 27 个问题都非常清楚，说明本节课教师和学生提出问题的有效性都非常高，教师问题设计语言准确，指向明确，学生提问叙述也非常清楚并有价值。

红岩小学万惠智老师从"教师、学生提出问题的数量"这个观察角度进行了统计，统计结果表明教师设计的问题精而简，避免了一个接一个的问题链，减少了无意义的提问和提问频次，让提问更具有实效性。

肖家沟小学凌泽银老师评价：从"教师提问后处理方式记录表"中分析出两个维度，主要是"教师选答方式"和"教师理答方式"。从中反映出两点：①选答和理答方式对课堂具有支架作用，让所有的学生都有参与学习；②要调节课堂的气氛和提问频率，主要是让学生拥有更多发言表达的机会。在这个过程中教师能够让每个学生都参与，特别是 4 个问题都是让肖家沟小学先选择先参与，这也是给予分会场的照顾。

名师工作室成员欧开美老师说道：从课堂教学时间分配记录表中分析出老师的课堂非常注意主会场和分会场，统计了学生的学习时间，在教学时面向全体学生，无论是现场的学生，还是远程端的学生，尽量做到把学习机会均分，今天课堂的学习效率是非常高的，孩子们一直在动脑筋，在思考，延迟的时间里也没有等待，而是在思考，这是一件真正的好事。同时该课例也采用了量化的课堂观察方法，大坪小学何毅老师使用 S-T 分析对课堂中的师生行为进行量化记录，并导入分析工具绘制 S-T 分析图（图 11-8）和 Rt-Ch 分析图（图 11-9）。他在分享交流中谈到：从图中可以看出教师行为占用时间约为 16 分钟，时间占比约为 40%，学生行为占用时间约为 24 分钟，时间占比约为 60%，从中可以看出这是一节以学生为主体的课，从图形走势来分析，S-T 折线整体呈直线分布，前端及后端折线较密，显示出师生行为转换较密集，体现了师生的交流互动较充分。

从图 11-9 中可知，其中教师行为占有率 Rt 约是 0.4067，师生行为转换率 Ch 约是 0.2881，参照 Rt-Ch 教学模式及标准条件，可以判定这是一节典型的混合型课堂。

重庆市渝中区教师进修学院教研员、本次活动指导专家王虎老师充分肯定了学员和教师们的分享与交流：大家对这堂课进行建构，能够真正体会到这是一次不同的课堂，从远程互动教学的这个视角来看，远程互动教学的运用较切合实际。两地的学生和老师之间的互动非常自然，尤其是肖家沟小学的学生们真的很不错，能在这种情况下积极思考，准确而且很有见解地表达。从另一个侧面来看，正是因为有大坪小学的学生在现场，肖家沟小学的学生能感觉到大坪小学同学们的思

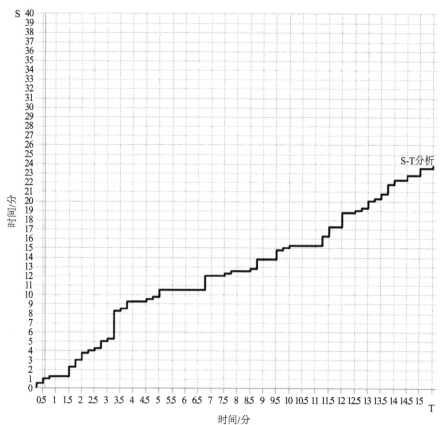

图 11-8　课例的 S-T 分析图（时间间隔：15 秒）

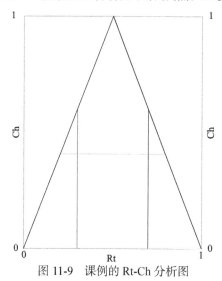

图 11-9　课例的 Rt-Ch 分析图

维，相互提问，互动学习，给大家很好的引领和鼓舞，这是第一个层面。第二个层面是，从研究的主题"问题提出"来说，这也是一堂非常有价值的课。"问题提出"到现在为止都是两个视角：第一个视角是观察教师的提问，要培养学生的问题提出能力，教师就更要有思想和策略。工作室学员张玺老师预设的问题，尤其是在一些关键性的问题上真的是非常到位，非常有思维价值的。所以，本次课堂围绕"问题提出"开展了深入的研究，该主题研究取得成功的原因如下：首先要以教师提出的问题作为第一研究视角；其次教师要学会让位，激发学生主动性，把学生作为重要因素来考验；最后要达成学生提出关键问题的目标，做好点拨引导与答疑，实现引领学生深度学习的目的。

（三）课例互研

在课例共研的基础上，根据共研的成果和共识，每个参与教师开展课例的设计、实践和课堂实录，并将课堂实录分享到研修社区，在线相互观课，记录课堂观察，进行交流评议，开展互学、互助、互评、互议等形式的课例互研，然后进行课例反思，修改教学设计。通过课例互研，进一步增强教研能力的提升，更重要的是引领教师教学水平的提升。

（四）研讨总结

参与人员根据课例共研和课例互研取得的成果，召开主题研讨会（图 11-10），形成研修总结。

图 11-10　研修总结——开展主题研讨并形成研修总结

在主题研讨会上，重庆市渝中区教师进修学院副院长李立作为"信息技术支持下的区域教师研修模式"试点研究的指导专家，针对同侪研修活动进行点评（图 11-11）：T&E 同侪研修远程互动教学的课例体现了这次研修试点的专题，充分展示了在信息技术支持下的远程互动教学的实例，是对教学方式的一种创新尝试，同时教师们积极参与观课、议课，有通用的观察方法与个性化的观察方法相结合，有常规的定性分析与数据分析相结合，对课例进行了较全面的对比与分析，起到了让教师科学化地分析教学，深入地思考和研究教学的作用，对区域教师研修模式创新是一种很好的尝试，同时希望学校在应用信息技术方面还要在深度融合的基础上进一步思考。

图 11-11　指导专家李立就课例研讨进行点评

# 第四节　研　修　反　思

## 一、特点与优势

T&E 同侪研修模式下的远程互动教学课例研讨是对传统教学教研模式的创

新，具有以下几个特点。

（1）搭建了一个基于远程视频同步互动教学系统环境下的师生交流平台和课例研究平台，突破了教学的时空限制，增强了校际师生的交流，使集团化办学实现优质教学资源的共建、共享，促进教育优质均衡发展成为可能。

（2）T&E 同侪研修模式是教师研修模式的创新和实践，特别是远程互动教学让不同层次、不同地域、不同学校的学生同上一堂课，针对相同的教学内容，让教师们共同思考和研究分析面对不同学生的教学方法和策略，促进以生为本的有效教学的落实。

（3）T&E 同侪研修模式创新了研究与学习团队的参与和合作，研修中有工作坊、名师工作室、学校师生等团队的参与和合作。以室校共研、室坊共研等新形式开展研修，既是不同学校教师间的同侪互研，也是不同类别研修团队之间的同侪互助，以及不同学校、不同层次学生之间的同侪互学，在学习中增加了同伴互助，激发了学习兴趣，加强了学生之间的示范、交流、合作。

## 二、问题与反思

T&E 同侪研修模式下的远程互动教学课例研讨存在以下几个问题，值得思考。

（1）T&E 同侪研修模式下的远程互动教学，增强了师生的互动性，强化以"问题提出"的策略，是否能有效引导教师思考促进学生深度学习，值得再研究、再思考。这种模式虽然缩短了授课教师及其他参与者的时空距离，但为了促进互动，可能要压缩促进学生深度学习的空间，如何平衡这两者，需要教师思考应该如何实施的问题。

（2）T&E 同侪研修模式下的远程互动教学，在学生差距较大的情况下实施，可能存在现场与远程端互动困难的问题，因此在内容的选择上、方法与策略的应用上，都需要进一步思考，需要进一步通过实践来检验。

（3）T&E 同侪研修模式下的远程互动教学，在学生的组织和教学能力的要求上相对较高，通过这种教学与教研模式，是否能提高教师参与研修的积极性与有效性，也是值得思考的问题。

（4）T&E 同侪研修模式下的远程互动教学，在研修的组织、硬件平台与软件平台的管理上需要周密的安排与比较专业的技术来支撑，常态化地开展既不现实，又存在技术、组织等问题和障碍。

（5）在集团化办学背景下，如何在 T&E 同侪研修模式下彰显各学校校本教研文化和特色？

## 三、下一步打算

T&E 同侪研修模式远程互动教学的课例研讨是集教研、科研、培训和教学为一体的研修模式，是在集团化办学背景下开展的实践性行动研究，为进一步深入研究该模式的应用，推动集团化办学实施，下一步打算如下。

（1）基于集团化办学背景，深入开展 T&E 同侪研修模式的理论研究，建构完善 T&E 同侪研修模式的理论体系，进一步彰显集团化办学特色。

（2）基于集团化办学背景，深入开展 T&E 同侪研修模式的应用研究，将 T&E 同侪研修模式的应用从数学学科拓展到各学科教师教研和培训之中，探索在各学科教师研修中的策略和方法，促进各学科教师的专业成长，进一步推动集团化办学整体质量提升。

# 第五节　案　例　思　考

（1）开展远程互动教学存在哪些优势和问题，应注意什么？

（2）"问题提出"是否能有效引导教师思考促进学生深度学习？教师应如何实施？

（3）对于"问题提出"，在实践中如何让学生提出与学习内容有关、有价值的问题？

（4）在 T&E 同侪研修中如何确保教师参与研修的积极性与有效性？

（5）T&E 同侪研修模式的应用对于集团化办学实施的利与弊。

# 第六节　案例使用说明

## 一、适用范围

本案例适用于小学数学教师教学教研。

## 二、研修目的

在集团化办学背景下开展区域教研，推动教学方式优化，促进信息技术与教学深度融合，提升教师教学、教研水平与能力，引领教师专业发展，实现优质教育资源、专家资源的共建、共享，带动学校教学质量整体提升。

## 三、要点提示

本案例涉及的理论有深度学习和深度教学的理论、混合式学习理论和学习金字塔理论。深度学习原是指机器学习的一种，学生的深度学习，是相对于浅层学习而言的，是一种高度沉浸、不断持续深化、不断扩展延伸的学习方式和获得发展的有意义的学习过程，它是触及人的心灵深处的学习、体验式学习、深刻理解与实践创新的学习。深度学习和深度教学存在显著的关联性和一致性，深度学习是实施深度教学的基础、要求和目标。"问题提出"是一种典型的数学学科的促进学生深度学习的深度教学方式，让学生在已有知识和经验的基础上自己发现和提出问题是创新的基础，同时又可以促进教师思考教学方式的转变。混合式学习就是要把传统学习方式的优势和网络化学习的优势结合起来，以形成良好的学习或工作效果。学习金字塔理论是美国缅因州国家训练实验室的研究成果，它用数字形式形象显示了采用不同的学习方式，学习者在两周以后还能记住内容（平均学习保持率）的多少，为优化教学方式、转变学习方式的选择提供了参考。

本案例的关注点是在集团化办学背景下，探索实践跨校点教师研修的模式，促进教师提升专业素质，提升教学水平和教学能力，从而促进专业成长。

本案例的关键能力点是远程视频同步互动教学系统和在线网络社区空间的使用，即如何通过远程视频同步互动教学系统开展远程互动教学，利用网络社区空间参与教研交流。参研教师能将课例共研与课例互研的成果内化，能否围绕"问题提出"这一主题有效地开展教学设计，实施教学实践，解决教学问题，提升教学水平和教学能力。

本案例研修的思路是"需求分析—聚焦主题—课例共研—课例互研—主题研讨—形成总结"。

## 四、研修建议

研修分四个阶段，大致七周完成（表 11-2）。

**表 11-2　研修活动安排**

| 阶段及时间 | 工作任务 |
|---|---|
| 研修准备<br>（一周） | 组建研修团队，建立研修工作微信群，添置研修设施设备及工作指导 |
| | 开展研修平台、分析工具的使用培训讲座，注册研修账号 |
| | 确定研修主题，制定研修计划，确定共研课例，选择观察量表 |
| 课例共研<br>（两周） | 同步互动教学，在线教研交流 |
| | 量表观察，工具分析，专家引领（专家讲座），布置实践任务 |
| 课例互研<br>（三周） | 制定教学计划，开展教学实践，录制课堂实录，分享观摩点评 |
| | 运用工具分析 |
| | 小组讨论，梳理问题清单、需求等 |
| | 反思课例，修改教学设计 |
| 研讨总结<br>（一周） | 在线主题研讨 |
| | 现场反思总结 |
| | 撰写研修总结 |

# 第七节　专 家 点 评

　　大坪小学教育集团开展的"T&E 同侪研修"借助远程视频同步互动教学系统，开展远程互动教学，实现跨区域的在线观课议课，运用互联网技术提供在线研修、分享、评议、互助、交流的平台，将研修任务程序化，交流评议数量化，教师研修同侪化，体现出的相同问题共同研讨，个体问题互帮互助；运用软件工具进行数据分析，使用课堂教学观察量表更加量化、直观。这一系列信息技术手段的运用，使教师参与在研修目标上更加明确，教学研讨上更加便利，过程安排上更加开放，活动设计上更加丰富，课例研究上更加精准。研修基于同侪研修的模式，将教研、科研、培训有机整合，与集团化办学需求相结合，突出课例共研与课例互研，对研修模式创新设计，在研修选题上紧扣优化教学方式、转变学习方式等与教学直接相关的主题，让教师更感兴趣，参与性更高。本次研修活动，促进了大坪小学教育集团教师的教学水平和教研能力提升，达到了研修的预期目标，为实施集团化办学促进教师专业发展，提升整体办学质量奠定了基础。

# 致　　谢

　　感谢重庆市渝中区同侪研修团队指导专家对本次研修活动的耐心指导，他们是重庆市渝中区教师进修学院李立和王虎老师，同时感谢重庆市渝中区同侪研修团队成员的积极参与，他们是：重庆市渝中区大坪小学李雪梅、何毅、张玺、袁懿、雷正等5位老师；重庆市渝中区石油路小学谭仕政、陈艺、李开惠等3位老师；重庆市渝中区红岩小学王陆森、万惠智、周小琪等3位老师；重庆市渝中区肖家沟小学叶琴、凌泽银、张婷婷、刘苹等4位老师。

*精简案例篇*

第十二章

# 直播课堂支持的教师互助的同侪研修实践[①]

---

① 作者：李瑜，女，湖南省株洲市区小学数学教研员；胡瑾，女，湖南省株洲市荷塘区太阳小学校长。

# 第一节 研 修 背 景

"教育信息化 2.0"背景下，对教师的专业发展提出了更高的要求，而传统的教研模式已经无法满足教师在专业知识、专业技术、专业理念和专业素养上的需要，原因主要有：①联片教研模式受时间和空间制约，参与面不大，参与率不高，受益人数少；②教研员的主导作用和教师的主体作用难以理顺，教研员"追求的价值与实现的目标"和"教师专业成长、个性发展的目标"偏差较大，教师参与研修的主动性不足，被动应付；③教育技术手段与实践割裂，虽然建立了系列 QQ群、微信群，解决了教研工作部分管理和交流的问题，但是资源应用与保存、任务协同与研究不能完美实现。

为此，湖南省株洲市荷塘区以教师队伍建设为主旋律，依托"荷塘教育虚拟社区"，借助教育技术手段，从 2007 年起一直在探索直播课堂支持的同侪研修模式。十多年的发展轨迹如图 12-1 所示。

图 12-1 同侪研修行动轨迹

2007 年形成网络环境教师发展共同体，株洲市荷塘区八达小学与香港、台湾尝试开展网上互动教学，开启了同侪研修直播新模式。2010 年完成学校互联网建设，直播课堂覆盖到每所学校，通过以强帮弱的形式，弥补教师资源不足，确保各学校开齐课、开好课。2014 年开辟信息技术环境互动课堂，各级网络联校开始形成，省级联校，如红旗路小学牵手农村学校太阳小学、黄塘小学；市级联校，如株洲市第十九中学帮扶仙庾中心学校、湘西土家族苗族自治州（简称湘西州）花垣县民乐镇中心小学；区级联校，如八达小学对接龙洲小学、明照小学等农村学校。这些学校通过定期开展专递课堂与名师课堂，网络互动研修，实现"同步备课、同步授课"，实现"校际互动、教学互助、资源共享、均衡发展"。2017 年实现人工智能直播课堂，荷塘区建立了 20 间基于数据收集的"智课分析系统"教室。2018 年，多所学校联动开展直播课堂、互动课堂，探索人工智能融入的直播课堂同侪研修模式。

如今，直播课堂同侪研修在株洲市荷塘区各种培训中已成为首选方式：区教师全员暑假培训、新进教师专业素养培训、荷塘区帮扶云龙示范区、攸县教师行动、区骨干教师集中研修、区域校本研修、教师工作坊研修、网络赛课等方方面面。学科老师深刻体会到同侪研修在推进学科组工作建设、教师专业发展、学生素养提升等方面起到的重要作用。

# 第二节　研　修　流　程

本研修模式通过"同课异构"或"同课同构"的形式，结合数据驱动，开展线上线下相结合的备课、听课、评课、议课、改进、反思等系列活动。通过几年的实践与探索，构建了"主题确定—团队遴选—展评结合—反思改进—重建延伸"的直播课堂同侪研修模式，通过数据驱动、精准研修，助力教师个性发展，全面提升教师教学水平与业务素养。首先由区教研室根据教师的需求确定研修主题，制定研修方案。例如，根据区域内概念教学专题研究的情况，发现部分教师对负数的数学本质认识模糊，教学目标定位不准确或教学措施不得当等现象，而这一内容又是中小衔接的一个重要内容，所以选择"认识负数"做案例研究。参与本次区域同侪研修的成员来自株洲市荷塘区、株洲市攸县、株洲市云龙示范区、湖南省湘西州花垣县民乐镇中心小学。研修团队中共有核心成员 17 人，其中，3 名学科教学专家，负责活动策划、专业引领、技术指导；14 名小学数学教师，分别承担上课、观课、评课、资料收集等工作。在研修过程中，团队成员群策群力、团结奋进，经历互话、互学、实践、互研、互思等环节，构建人人皆学、人人皆思、人人善改的学习共同体，"直播课堂同侪研修"通常围绕以下流程（图 12-2）开展实施。

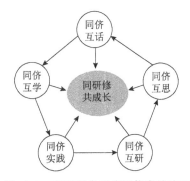

图 12-2　直播课堂同侪研修实施流程

## 一、同侪互话

主讲教师根据确定的研修主题"认识负数",上传教学预案,并在"虚拟社区"内发起话题研讨(图 12-3),同侪教师们在所在小组内发表各自的观点,通过汇总意见,合理确定教学目标及重、难点。

图 12-3　主讲教师发起话题研讨

## 二、同侪互学

由执教者修改教学预案并上传至移动教研平台,参研教师根据教学预案设计,在线上、线下充分交流、研磨,最终集思广益完成教学设计方案。就在这种互学的过程中,有了教研员和核心团队成员的引领,一大批青年教师也能清晰地定位教学目标,把握好教学的重难点,甚至打通概念教学的方法结构。这也改变了以前参研者处于聆听、接受的状态,每一位老师都是学习的主体,通过教研平台,能清晰地看到同行发表的建议;当然,自己的观点也被他人所见。这样的交流状态,每个人接收的信息量更大,展现自己的平台更宽。

## 三、同侪实践

执教者通过网络"智课系统"直播课堂(图 12-4)。全体研修者线上、线下听课、评课、议课(图 12-5),打破时空限制,延展线上讨论,保证研讨人人参与、人人发表意见、人人有深入思考。

图 12-4　美的学校彭静、湘西州花垣县民乐镇中心小学吴波、仙庾中心学校刘歆蓓同时上
"认识负数"课

图 12-5　线上线下听课、评课、议课情况

## 四、同侪互研

根据课堂实践，基于 S-T 教学分析理论和 LICC（learning，instruction，curriculum，culture）课堂教学观察量表，利用人工智能技术，收集课堂中教与学行为的主客观数据，以报告形式呈现，为教学研究提供多维度、客观量化的支撑。结合数据及现场实效开展小组讨论，对比分析学生行为、教师行为，对比改进的教学策略与方法，甄选主要问题，开展主题探讨，延时线上研讨，人人发表自己的收获与感言，解决教学问题。

## 五、同侪互思

区小学数学教研员组织执教者、区内学科核心成员、外地同侪学校教师代表及时对活动进行反思、总结，同时也对后续工作做好合理规划。具体操作如下：执教者作反思→智课系统数据分析、移动教研 App 数据分析→同侪教师综合评价→教研员做活动总结。

# 第三节　研　修　效　果

以移动教研为平台，直播课堂支持的同侪研修是一个比校园网更为广阔，比互联网更贴近的网络研修平台。在建设与使用这种研修模式的过程中，教师学习方式逐渐转变，学习主动性不断增强，教学效率不断提高。

## 一、教师主体地位凸现，成为自主学习者

传统的区域教师研修受时间和空间的局限，存在着集中难、共享难等问题。直播课堂支持的同侪研修为教师的学习提供了多种选择，增加了学习的自主性。教师可以自由选择学习时间和地点，可以自主选择个人自修反思、小组合作或两者结合的学习方式，还能自主选择合作学习的伙伴、自主选择学习的内容，更能自主选择扮演研修资源的提供者、加工者、使用者，研修活动的发起者、主持者、参加者等多种角色，教师成为自主学习者。

## 二、教师互动交流意识增强，形成了合作探究的学习方式

传统的教师培训多由机构提供学习资源、专家进行主讲，教师们多是倾听者、记录者。同侪研修通过平台新增互动栏目，如"网上备课"、"校际教研"和线上"研修专题讨论"等，研修过程中互动话题增多，专题讨论的层次与深度不断增强。教师逐渐从发布信息转向互动交流，合作探究的学习行为不断增多，由学习的接受者转变为研究者，教师成为互助研究者。

## 三、教师评价方向更明确，确保研修落到实处

传统评课大多依靠观课记录，进行感性的形象描述，缺乏一定的数据支撑。直播课堂支持下的同侪研修方式，开展"同课同构"或"同课异构"线上融合线下的课例研讨活动，通过智课系统及移动教研 App、生成的大数据报告，评课客观科学。听课教师通过移动教研平台及时对现场教学进行反馈、评析与改进，促进教师专业素养的提升。

## 四、区域扶助，促进了区域内外城乡教育的均衡发展

株洲市荷塘区数学同侪研修团队与云龙示范区、攸县、湘西州花垣县民乐镇中心小学的精准帮扶，让株洲地区教师，特别是农村教师成为"同侪研修"最大的受益者，他们即便身处偏远地区，优质教育资源、有效研修依然唾手可得。使得一大批农村教师脱颖而出，在各级各类比赛中崭露头角，如农村小学杨文老师2017 年被评为株洲市第七届数学学科带头人，杨檬老师 2018 年荣获株洲市赛课一等奖。

总之，直播课堂支持下的同侪研修模式让株洲市荷塘区教育呈现出我助人人、人人助我的教研生态，真正实现了"没有围墙的教研"，促进教师专业成长，实现教育均衡发展。

# 致　谢

感谢湖南省株洲市荷塘区区域同侪研修团队成员的积极参与，他们是：株洲市荷塘区太阳小学胡谨老师；中共株洲市荷塘区委网络安全和信息化委员会办公室（简称株洲市荷塘区网信办）王伟老师；株洲市荷塘小学刘崑文、周慧珊、谭智文等 3 位老师；株洲市荷塘区美的学校彭静、赵赛群、郭峰、易明珠等 4 位老师；湘西州花垣县民乐镇中心小学吴波老师；株洲市荷塘区仙庾中心学校刘歆蓓老师；株洲市荷塘区八达小学刘博和何小红老师；株洲市荷塘区红旗路小学陈岳华老师；株洲市荷塘区晨荷小学陈敏老师；株洲市荷塘区星光小学汤敬老师。

# 第十三章

# 直播课堂支持的"讲听研讲"同侪研修活动设计及应用①

① 作者：常凤宇，女，内蒙古自治区乌兰浩特市兴安第一小学副校长，小学高级教师。

# 第一节 研修背景

随着信息技术的迅猛发展，整个教育领域都在发生深刻的变革。内蒙古自治区兴安盟乌兰浩特市教育局深刻洞察到信息技术对教育教学的改革与发展将产生深远的影响。乌兰浩特市兴安第一小学（简称"兴一"）在上级部门的支持下，建成两个高标准录播教室，配备了一个同频互动教室听课端和一个主讲教室，为包括联盟主体校在内的 8 所联盟校，以及各旗县（市）联盟校的教育教学沟通互动交流搭建了高效平台。

作为区域内的联盟总校，带领其他兄弟校同规划、同设计、同实施、同进步、同成长，然而真正想发挥这样的引领作用，通常需要深入兄弟校，与学校领导对接、驻校指导。高标准录播教室建成并投入使用，极大地方便了教育教学，解决了研修学校地域上的不便和教育不均衡问题。为实现以一带多，互利互助，使其他联盟校与兴一共同发展，主体校依靠内蒙古自治区教研基地校的有利条件，开通了同频互动网络平台。为推进网络教研活动，兴一领导团队紧张筹备，积极推进，各部门密切协同，使得联盟校教师陆续走进电子备课室，全面开启"兴一联盟同频互动网络教研模式"。兴一联盟校网络教研在同频互动中拉开帷幕，教师不出校门就能一起共学、共议、共研。

# 第二节 研修流程

乌兰浩特市区域同侪研修团队是由 8 所联盟校的全体语文教师大约 130 多人所构成的大团队，其中各校校长、副校长及中层干部数人，名师 2 人，团队结构梯队分明，教研实力雄厚。兴一片区联合体学校由 2014 年组建之初的 4 所学校（兴安第一小学、都林第一小学、乌兰哈达中心小学、义勒力特中心小学）历经 5 年，发展为 2019 年的 8 所学校（兴安第一小学、都林第一小学、乌兰哈达中心小学、义勒力特中心小学、和平第二小学、葛根庙中心小学、铁西第一小学、铁西第二小学）。研修共同体希望依托课堂，带动教研，为联动学校的学生提供优质的同频互动课堂教学，引领和帮助联动学校教师开展课堂教学研究，促进异地学校的共同进步。案例中同频互动教研模式在实施时主要遵循以下流程（图 13-1）。

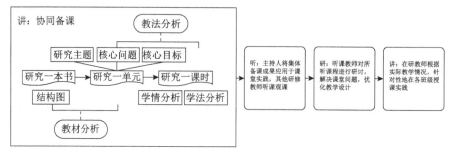

图 13-1　同频互动"讲听研讲"研修流程

## 一、讲：互动交流，协同备课

在备课时教研共同体始终遵循以下备课原则：由大到小、由远及近，即"研究一本书、研究一单元、研究一课时"。

研究一本书，即整册书分析，开学初每位教师都要制作一张整本书的结构图，图中将整册教材的内容和目标对应起来，通过制作整本书的结构图，使教师对本学期教学内容有一个基本的脉络梳理。

研究一单元，即单元分析，这是集体研讨的主要部分，形成"主题研讨结构图"，主要包括单元的研究主题、核心目标、核心问题，单元的教学流程，重点内容的教材处理，并辅以教参目标。主备人要在教研之前制作好单元"主题研讨结构图"，提前发到其他教师手中，并根据自己的理解对图进行批注。研讨时，先由主备教师说明自己对该单元"研究主题、核心问题、核心目标"的理解，这三个方面也是研讨的主要话题，其他教师以此为基础发表意见和提出建议。

研究一课时，即一课分析，研究单元重点课的教法。前两个环节重点是教材分析，这一环节重点是教法分析，主要包括两方面，①学情分析，主要分析学生已有知识水平，以及经过努力要达到的水平，基于"最近发展区理论"设计教学活动。主要研讨问题有：学生的认知水平分析（包括年龄特点和心理结构分析）；教师的教学行为分析（问题设计和教学策略是否符合学生的认知水平分析）。②学法分析（包括教法选择），学法的选择一定要适合学生并能促进学生的发展，除知识以外更要有学习方法和经验的获得。每次备课之前，主备教师都要将重点课的学法设计好，具有引领性和可操作性，在研讨时与大家交流，实现资源共享。

## 二、听：听课观课，初次打磨

备课结束后，联盟校的老师们利用海亚设备进行线上交流，每位教师都把自己对所备内容的理解、想法、意见和建议毫无保留地提出来，共同研究形成最佳设计方案。主备教师负责将修改后的教案、课件打包上传，实现联盟资源共享。三年级语文组的单元整体教学探索课，就是在录播教室与三所联盟校的老师共同分享备课成果。"听"即集体备课后，联盟校同年级组、同学科教师听主讲人的课，主讲人要先于年级组其他教师（包括联盟校教师）讲课。课堂上重点看"研究主题、核心问题、核心目标"的达成度，以及实现目标的方法是否适合学生，并且有利于学生的发展。

## 三、研：集体研讨，优化教学

"研"即听完主讲人的课以后，当天所有听课教师都要参加"研"的过程，在这个过程中围绕"研究主题、核心问题、核心目标"以及方法的选用是否合理进行交流研讨。根据讲、听的内容，大家在一起共同研究解决问题的办法，这个过程是大家再次提高的过程，需要研修教师积极"出谋划策"，根据学情更好地确定方法。

## 四、讲：异校上课，实践教学

"讲"，即教师们在上述研究的基础上，结合本校本班的教学实际，进一步进行个性化的教学设计，然后再分别在自己班级讲。此讲非彼讲，这一讲融会了第一讲中的精妙之处，站在了理性分析的高度，闪耀着集体的智慧，课堂教学质量自然会略高一等。这一讲可以是跟进式也可以是异构式，方法形式可以不同，但是"研究主题、核心问题、核心目标"要实现。

## 五、实施案例

八所联盟校共同制定星期五教研活动计划。每周一下午为同频备课时间，每周五为同频讲课时间。主备学校的语文教师首先进行个人备课，接着利用多媒体设备，通过 PPT 的形式进行清晰展示。主要展示内容涉及主备教师的备课流程及整个过程中的资料搜集与整理、教材分析与学情分析、教学设计与设计意图、备课疑问和解决方案等。

三年级上册第六单元的人文主题是"祖国的壮丽山河"，备课组围绕这一主题安排一组古诗和三篇现代文的教学。根据主题和内容安排备课组决定尝试四种课型的研究，即单元先导课、古诗教学课、阅读教学课、习作指导课。

首先，由袁颖、夏恩茂、姜楠、王玉霞等四位教师针对自己所执教的课程内容做个人备课（图 13-2），下面节选其中一种课型进行简要介绍。

【节选教学设计】习作指导课的设计思路是：本次习作教学，课前让学生留心观察，发现身边的美景，让学生在作文中"有米可炊"。在设计上，紧紧围绕本单元习作的主题"围绕一个意思写"进行教学设计，通过回顾本单元课文内容，提炼写作手法：观察细致有序，想象丰富合理，从而让学生在习作中有例可循、有法可依，并充分调动学生间的合作交流，让学生在汇报、交流、评价、补充的过程中，丰富并完善自己的习作内容。这样在由观察到交流，再由交流到写作的层层推进的过程中实现本次习作的教学目标。

随后，参与本次备课研讨的联盟校的教师们开启头脑风暴，展开激烈讨论（图 13-3）。有的教师建议注重古诗教学课《望天门山》中的"色彩"教学，与作者的生平建立连接，能更好地理解诗人表达的情感；有的教师认为阅读教学 1+1 课型重在一主得法、一副用法，所以在教材的取舍上一定要多下功夫，要大胆；有的教师则认为习作的教学可以以单元课文为抓手，总结方法，写作应用；有的教师则建议以单元课文为例，运用图表梳理方法再运用；还有的教师十分激动地冲向黑板画出思维导图，并建议将其运用在"单元先导课"中。

图 13-2  主备教师备课          图 13-3  研修团队组织研讨

　　每周五是同频讲课，联盟校教师通过地阔设备同频试听。袁颖、夏恩茂等四位教师分别登场，将备课的成果进行课堂教学尝试。教师们异地试听，身临其境。在研讨过后根据执教班级优化教学设计，再次进行异步上课。

　　由于每一次的同频活动时间上是有限制的，为了让这样的教研更具有时效性，研修团队创建微信交流群，针对每节课中的亮点、问题、建议各抒己见、畅所欲言。在研教师通过这种方式进行评课与说课，更好地实现了评价他人与反思自己的学研目的。

# 第三节　研　修　效　果

　　同频互动教研加强了校际之间、语文教师之间的联系，实现了资源共享、优势互补、自上而下与自下而上的双向互补，同频互动教研以问题为中心，以教学为平台，以学校为基地，以教师为研究主体，构建了研修一体化的校本研修模式。这种以促进区域语文教育资源均衡优质发展为目的，以推动校本教育工作为重点，校际互动、教师间互动、中心辐射、以强带弱的校本教研机制，实现了优质教育资源的整合和共享，是促进教师专业发展的有效途径。交流研究、共同成长联片教研活动的开展，使基层教师拥有更多的参与教研的机会，拥有了更多展示自我的平台，拥有了更多共享交流的空间，互动教研改变了教师独学无友的状况，满足了教师交流研究的渴望。达到了专业引领、同伴互助、共同成长的目的。同频互动教研能够更好地打破校际壁垒、打破学科壁垒，开放校园、开放课堂、开放研究，在相互学习交流中自加压力、自生动力，努力挖掘、发挥各自长处、辐射四周，从而达到强弱互补、资源共享、交互引领、双赢共好的目的。

# 致　　谢

　　感谢内蒙古自治区兴安盟乌兰浩特市区域同侪研修团队成员的积极参与，他们是：乌兰浩特市兴安第一小学王秀娟、陈超、张敬、李小凤、范立新、袁颖、姜楠、夏恩茂、王玉霞、王丽、王雪飞、杨清玲等 12 位老师；乌兰浩特市都林第一小学常苗苗老师；乌兰浩特市葛根庙中心小学赵雅茜老师；乌兰浩特市爱国第二小学卜索芹、王莹、张广铮等 3 位老师。

第十四章

# 直播课堂支持的水西镇同侪研修模式
## 的应用实践①

① 作者：管希瑷，男，江西省赣州市水西中心小学语文教师；王英佐，男，江西省赣州市水西中心小学常务
副校长；朱晶，女，江西省赣州市水西中心小学语文教师；钟颖，女，江西省赣州市水西中心小学数学教师。

# 第一节　研修背景

　　促进教育均衡发展，是推动教育改革发展的战略性任务。目前大部分地区特别是农村地区还存在着资源分配不匀，师资力量不协调的现象。中心小学和村小差别较大，中心小学资源和师资配备日趋完善，每个班都配有多媒体设备并通过积极推进"教育信息化+教育帮扶"等方式促进教师成长，教学研修、教师专业成长等方式比较灵活，形式多样。反之，村小教学设备比较落后，"班班通"多媒体等资源配置还不到位，大部分学校还采用比较原始的教学方式，教师课堂形式比较单一，师资配备不够完善，部分地区专业教师配备不到位，大部分都是年轻教师，教师教学经验不足，帮助年轻教师尽快成长迫在眉睫。

　　由于距离较远、资源不完善，教师研修还存在集中难、共享难、复现难的问题。赣州市章贡区水西中心小学各学科围绕专题探讨，探索基于互联网的教师研修形式，借助"如何缩小村小、教学点与中心小学的差距，帮扶教师专业成长"这一课题，依托网络平台，课题组成员将在线网络学习、研讨和线下面对面教学高度结合，借助手机随时开展同侪研修。通过青蓝结对、送教下乡、同课异构、线上融合线下的方式开展学习，严格按照"个人设计—互评整合—实践反思"的流程，实行个人研修、同伴互助、专业互促的研修方式，实现研修共同体的共同进步。

# 第二节　研修流程

　　赣州市章贡区水西镇通过 1 所中心小学引领、4 所村小跟进的方式组成同侪研修团队，用以强扶弱的方式进行研修，梯队结构合理，确立了"班班通"一年全覆盖、专科教师两年全配齐的阶段目标。研修依托当地财政政策，采用经费申请、社会资助的方式开展资源配备，通过搜集数据进行合理对比，确定采用优先支援山区、翻新校舍、接通网络、一体化教学设备全覆盖的方式，通过网络直播、专递课堂等形式促进教师专业成长。研修流程具体如下。

## 一、提前安排，未雨绸缪

在每个学期开学前各学科教研员带领各年级备课组组长，制定本学期备课计划，学习备课流程，开学初各备课组组长带领各年级老师深入理解文本，确定本学期集体备课计划，分为专题备课、单元备课、单篇备课等形式，通过以老带新的方式带动教研氛围。

## 二、主题讨论，团队互培

开展主题讨论是研修活动必不可少的部分。网络平台自由、平等的氛围，使每个参与研修活动教师的主体意识被激活，大家畅所欲言，逐步形成一种教育教学与研究学习一体化的学习方式，有利于加快教师专业成长的步伐。通过线上线下的交流，在 2019 年 10 月的研修中，第一个问题的讨论教师参与人数达到 12 位（图 14-1），本次课程完成度达到 95%以上。

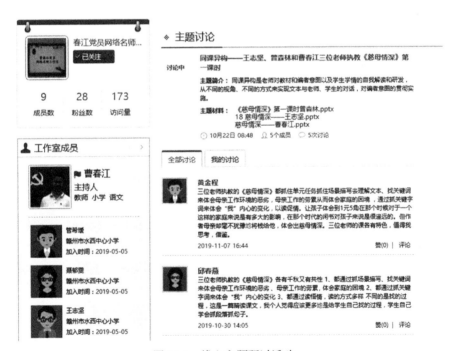

图 14-1　线上主题研讨活动

通过归纳整理主题研讨内容，完善教学设计。梳理这些要点和建议后，执教者深入钻研教材，在准确把握学情的基础上，设计具有发展性和可操作性的阅读教学目标。

## 三、教学实践，现场诊断

在研修过程中，石甫小学立足真实的教学现场，运用观察量表开展课堂观察，用数据记录并反馈真实的课堂，实现了听课、评课从"随意性"到"实证性"的转变。

在同侪研修的过程中，经过长期教学实践，从教学目标达成度、教师反馈语、课堂提问三个维度进行观察，制定了指向明确、行之有效的观察量表。其中教学目标达成度的诊断，主要通过观察课堂各个环节中师生的活动情况，教师如何采用各种教学手段及方法实现预设的教学目标，听课的研修教师采用教学听课记录表，最后给出观察者的分析。

教师反馈语的诊断主要指记录并评议教师回应学生的问题的话语反馈，这些反馈主要集中于教师的积极反馈和消极反馈。然而，这种课堂评价活动未能很好地将教与学紧密结合。为了提高教师的课堂评价技能，精准研究教师反馈语言是否促进学生的学习与发展是十分重要的。在研修进程中，为了增强观察的针对性，各科组反复修改量表，最终确定从教师评价语言内容、教师评价态度和学生应答内容进行观察。

在现场解课环节，中心小学和其他各学校教师通过"班班通"平台，进行线下实地教研直播与线上讨论，最大限度地确保所有教师都有机会参与研修。

## 四、深入讨论，修改完善

为打磨优秀课例，全体课题组教师以"教学设计亮点"和"能继续改进的地方"为主题，集思广益，开展第二次线上讨论。在讨论中，教师们既能对课堂中某些重要的问题进行深入研讨，也能提出一些相关问题，请大家提建议、找对策。

本轮研修，课题组教师带着问题诊断的态度，分析初次自主备课的教案，关注教师对教材的整体把握和理解，在依据学情的基础上找准核心教学价值，然后精选合适的教学内容。通过解课及讨论，能促使全体教师花更多时间去钻研教材、研究教法，拓宽教学思路，也有利于教师内省，从而解决问题，改变教学观念。

## 五、优化设计，上课观课

执教者吸收前面两轮的建议，采用优化后的教学设计再次进行课堂教学。在此轮展示中，解课小组继续使用听课记录表，并将统计的数据与第二轮的进行比较，看看哪些地方有所提高，哪些地方还存在问题，再提出今后改进的设想。

## 六、交流反思，以评促改

在第三轮交流中，参与教师主要探讨两方面的问题：①探讨本次教学、教研中出现的问题；②将两次活动进行比较，讨论前面两轮中没有解决的问题。

## 七、多元评价，资源共享

在教师的整合课例上，分工有序的评课小组分别在第二轮和第三轮研修中进行了"观课+解课"（现场直播），并采用部分加整体的方法进行了教学片段评价，形成了较为完善的可供参考的资料。并把教学资料整理成册，进行网络和纸质的归档（图14-2），以便后续继续使用。

图 14-2 电子教学材料归档

## 八、以赛促教，以赛促学

采用多种形式帮助教师专业成长，从校内推荐到镇内选拔和区内展示，搭建多种平台促进教师潜心提升教学业务水平，如"晨光杯""青蓝杯""教师素养大赛""组内研讨课"等比赛形式有效促进了教师成长。综合多种研修活动来看，这些活动对所有参与教师，尤其是青年教师的发展意义重大。通过网络研修活动，教师们的问题意识和研究意识增强，都为解决问题而不懈努力。同时研修活动中教师们也学习了专业的观课评课技能，为以后的观课评课提供了很好的思考范例，也增进了教师之间的友谊。

# 第三节 研 修 效 果

义务教育是国家提供并予以保障的基本公共服务,是教育公平最重要的领域,义务教育均衡发展情况是衡量教育公平的主要标志之一。中共十九大报告提出,"推动城乡义务教育一体化发展,高度重视农村义务教育……"①。乡村要振兴必先振兴教育,而良好的资源和教师是乡村教育的重要部分,因此现代化教学资源配置、教师专业成长迫在眉睫。这次研修效果有以下特点。

## 一、改变了教师学习的自觉性

网络培训的学习方式适应了成人的特点,为教师节省了很多时间。比如,我们现在的培训可以满足教师在家空余时间进行网络学习,节省教师的时间与路程成本。教师之间还可以随时交流互动,从参与的程度上可以看出网络培训的方式受到广大教师的认可,展现了网络培训的魅力。

## 二、领悟有效教学

专家指出,提升课堂教学的有效性是当前深化课程改革的关键和根本要求,有效教学走向优质教学,也就意味着教师从一般教师走向优秀教师。怎样提升教学的有效性,再从有效教学走向优质教学呢?研修团队认真学习专家在讲座中的每一句话,思考每一个观点。从学习中研修团队深刻地领悟到:在教学中应不断探索运用多种教学手段,处理好知识与能力、过程与方法、情感态度价值观之间的关系,处理好课堂预设与生成等之间的关系。

## 三、理论联系实际,学以致用

学习的过程是一次知识积累与运用、创造的过程,因此要会学、善用。研修团队每次听专家讲座和观看课堂实录后,总要有一个思考,即如何将这些优秀的、先进的教育教学经验及典型的案例带进自己的课堂,有针对性地运用到自己的教育教学实践中,从而收到事半功倍的效果,缩小同发达地区学校教学上的差距。

---

① https://www.12371.cn/2017/10/27/ARTI1509103656574313.shtml.

通过实践对理论、经验的检验，参研教师寻找这些方式方法上的不同点、相同点与衔接点，完善自己的课堂教学方法，提升自身的课堂教学艺术；进而在课堂教学中，教师能够开阔学生的视野，激起学生强烈的求知欲望，激活学生的思维。

## 四、提高自身素质，学会终身学习

新课程要求教师树立终身学习的目标，实现自身的可持续发展。教师要把不断学习作为自身发展的源泉和动力。在教学实践中，将学习与实际教学结合起来，努力探索新的教育教学方法。在丰富自身专业知识的同时，教师需要广泛涉猎各种社会科学和自然科学知识，从而更好地适应学生对知识的需要。做反思型教师，养成反思习惯，反思自己的教学活动过程，分析自己的教学行为、决策以及所产生的结果，提高自己的专业水平。通过总结经验，向更完善的目标努力。利用现代信息技术平台，不断扩大学习资源和学习空间，注重与其他教师和专家的合作探讨，提高教研水平。

# 致　　谢

感谢赣州市章贡区区域同侪研修团队成员的积极参与，他们是：章贡区水西中心小学王英佐、朱晶、钟颖、钟翔等老师，赣州市滨江第二小学邱吉萍老师，章贡区窑下小学黄礼莉老师，章贡区石甫小学钟胜男老师。

第十五章

# 直播课堂支持的边疆少数民族区域同侪研修活动实践①

① 作者：赵丹，云南省沧源佤族自治县教育体育局教研室主任；曹志臻，云南省沧源佤族自治县国门小学教科室主任。

# 第一节　研修背景

随着教育信息化的阶段性跨越，实现教育均衡发展是目前亟待解决的问题。优质资源的共享不仅指知识的有效共享，也包括优秀教师资源的互通交流。在"互联网+教育"背景下，同侪研修已经成为教师专业发展的助推器。同侪研修活动中，具有共同目标的多个教师组织互帮互助，促进区域内异校教师之间的跨校合作交流与学习，实现优质资源的共享与知识的创生。

目前云南省临沧市沧源佤族自治县（简称沧源县）教育水平与人民群众对优质教育的期盼还有很大差距，特别是乡镇寄宿制学校和乡村小规模学校的薄弱环节改善与能力提升还有很多短板，学生学业成绩提升空间大。区域内优质教师资源缺乏，沧源县教育急需发展突破。该县在区域内开展了同侪研修，开发和利用内部优质教师资源，利用骨干引领全员、小集体引领大集体，力图在同侪研修活动中实现"有效课堂"的深化改革，落实"以学习者为中心"的理念，体现学生为主体、教师为主导的教学原则。

本案例力图通过全县多所学校形成的同侪研修团队以及研修活动，提高研修教师的自我发展能力，继续摸索一种切实符合本地实际的课堂教学模式，实现优质教学资源共享，促进研修教师共同体教学能力稳步提升。采用校本研修、区域研修等多种方式，以"城乡联动，区域协作"为原则，聚焦课堂，落实学生主体地位，回归学科本质，追求科学的课堂教学的实效。构建和谐课堂，追求教学实效，以达到提高本地区教师课堂教学能力的目的。

# 第二节　研修流程

本课题组围绕中小学突破学科课堂教学中的重难点问题，以及学校教育教学管理关注的区域内的痛点进行研讨研修。截至 2020 年 6 月，云南省沧源县已组建 1 个学校管理突破团队、13 个县级同侪研修团队和 23 个校级同侪研修团队，共开展 15 项县级同课异构课例研修活动。

此次区域同侪研修以小学语文"阅读策略、习作策略单元如何教学"为研修主题。参与本次研修的主要有沧源县国门小学和民族小学、勐董镇中心完全小学和临沧市教育科学研究所的教研员。在研修过程中，课题组主要依托手机直播平台和全景学习平台进行线上线下相结合的跨区域课例研修，同时也建立了专业研修微信群、QQ 群，让分散在不同区域的教师通过网络进行常态学习、精准教研，聚力打造区域同侪研修特色。

# 一、第一轮：主题选定，个人初备

## （一）主题选定，按需研讨

开展基于全景学习平台的片区同步网络教研——学科集体备课。统编小学语文教材的重大变革之一是专门安排了 8 个重要的"习作策略单元"。对于佤族小学生来说，习作策略单元教什么与怎么教，是教师们一直在关注和探讨的热点话题。2019 年 9 月，课题组经过缜密的思考，选取了四年级上册的习作策略单元第五单元进行集体备课。

## （二）围绕主题，个人初备

活动由课题组负责人曹志臻老师主备，他提前一周撰写好教案初稿并以腾讯共享文档分享，16 名辅备人员在共享文档里进行二次备课并做好批注。一周后，全体成员都已经批注好后，由主备人发起邀约，利用全景学习平台进行面对面交流，进一步对习作策略单元的编排思路及如何开展教学进行深入的探讨（图 15-1）。

图 15-1　教师初次集体备课

整个单元由四个部分组成。第一部分为精读课文，第二部分是"交流平台"和"初试身手"，第三部分是习作例文，第四部分是单元习作。习作策略单元的全部内容都以习作能力的达成为目标，各部分联系紧密。

　　本单元的语文要素是"了解作者是怎样把事情写清楚的"，习作要求是"写一件事，把事情写清楚"。写好一件事是非常重要的一项习作能力，而"把事情写清楚"则是写事最基本的要求。将单元目标定位在"把一件事写清楚"上，着眼的是学生基本习作能力的培养。围绕"把一件事写清楚"这一习作目标，本单元编排了《麻雀》《爬天都峰》两篇精读课文和《我家的杏熟了》《小木船》两篇习作例文。"交流平台"围绕怎样把一件事写清楚展开交流，"初试身手"安排了两项内容，旨在引导学生初步尝试运用所学的方法，把事情发展过程中的重要内容写清楚。单元习作《生活万花筒》，是让学生选一件印象深刻的事，按一定顺序把这件事写清楚，是对本单元所学的综合运用。

　　（三）主题讨论，团队互培

　　教师们各抒己见，无论是主会场的国门小学的教师，还是两个分会场的教师，都把自己对习作策略的解读毫无保留地进行了交流研讨，最后临沧市教育科学研究所的教研员也提出了自己的见解，和参研佤山的教师们分享。

## 二、第二轮：教学实践，常态观课

　　（一）教学实践，现场诊断

　　2019 年 10 月，依托沧源佤族自治县"国培计划（2018）"送教下乡培训项目第六次研修活动，课题组组织全县 100 名小学语文教师以"阅读策略单元的教学方法"为主题，采取常态课例观察、专题讲座、示范课例等相结合的方式开展教学培训活动。

　　阅读策略对于促进小学生的阅读理解非常重要，"阅读策略单元"的独立设置，是统编小学语文教科书的一大创新。统编小学语文教科书从三年级开始，每学年独立设置一个"阅读策略单元"，即三年级"预测"、四年级"提问"、五年级"有一定速度阅读"、六年级"有目的地阅读"。通过上交流课、展示课，开展讲座，探讨"阅读策略单元"的教学方法，更好地提升教育教学水平。

　　（二）常态课例观察

　　2019 年 9 月，全县各小学组织教师围绕本次研修主题开展多人同课异构研课磨课活动。研课磨课过程中围绕教学目标、教学内容、教师主导、学生活动、教学方法与手段、教学评价、教师基本素养、教学效果等进行打磨，生成合格课、优质课和精品课。培训现场随机抽 2 名参训教师，进行同课异构展示交流

（图 15-2），课题组成员现场进行点评。

图 15-2　沧源佤族自治县勐角完全小学李瑛老师、勐董镇中心完全小学吴仕华老师的交流课
"胡萝卜先生的长胡子"

（三）专题讲座，经验分享

教育部"国培计划"中小学名师名校长领航工程罗蓉名师工作室成员沧源县国门小学石艳，为教师们作了题为"阅读策略单元的教学策略"的讲座（图15-3），她从"何为阅读策略""阅读策略教学教什么""阅读策略单元的教学建议"三个方面来对阅读策略的教学策略进行阐述。她精心准备，对每一种策略都认真解读，引发教师思考。同时，还把预测策略运用于讲座中，既激发了教师们的学习兴趣，又使教师们体会到了预测的快乐。讲座中石艳老师还运用了名师的微课视频，大大提高了培训效率。课题组考虑到全县还有很多语文教师对统编教材中设置的"阅读策略单元"存在很大的困惑与不解，利用全景学习平台进行了直播，全县 11 个（后合并为 10 个）乡镇不同校点的 400 多位语文教师通过手机或电脑，同步收听了石艳老师的讲座，都不同程度地受到启发、产生共鸣。

图 15-3　沧源县国门小学石艳老师专题讲座

## 三、第三轮：优化设计，以评促改

### （一）优化设计，打磨精品课

为了不断提高党员教师的党性修养，充分发挥党员教师在教学工作中的先锋模范作用，引导全市中小学教师不断提升教学能力，深化课堂教学改革，努力提高教学质量，2019 年 11 月，临沧市教育体育局组织了 2019 年全市中小学党员教师课堂教学竞赛活动，分为初中语文组、初中数学组、小学语文组、小学数学组，采用"同课异构"的方式进行。小学语文组由课题组负责人曹志臻老师参加竞赛。小学语文有两个参赛课题，一个是四年级上册的"为中华之崛起而读书"，另一个是五年级上册的"四季之美"。沧源县抽到的课题是四年级上册的"为中华之崛起而读书"，沧源县国门小学与临翔区凤翔小学、临翔区南屏小学、云县爱华完全小学、镇康县城关小学、临沧市易成实验学校小学部共六所学校同课异构。接受任务后，曹志臻老师立即开始自主备课，抓住"为中华之崛起而读书"这一课所在的单元主题"爱国情怀"和语文要素"关注主要人物和事件，学习把握文章的主要内容"两条主线撰写教案。

### （二）交流反思，以评促改

自主备课结束后，曹志臻老师开始课堂实战，国门小学党支部教学先锋组也加入了打磨课的行列。第一堂课上下来，有很多不尽如人意的地方，主要是时间超时、课堂气氛不是很活跃，经过团队的共同出谋划策，曹志臻老师进行了二次备课（图 15-4）。

由于部分课题组成员在乡镇，曹志臻老师在二次备课后，借助手机直播平台，让课题组成员全体参加观课、议课，进一步完善课堂结构。

图 15-4　曹志臻老师的二次备课

第二次课堂教学后，综合同伴们的建议，曹志臻老师进行了第三次备课，字斟句酌地对每个教学环节进行了完善。

（三）赛课现场，完美收场

经过几番几次的修改完善，曹志臻老师带着课题组的重托走上了竞赛讲台，最终获得了二等奖的好成绩。通过此次区域同侪研修活动，参研教师受益匪浅。教师亲身参与到备课、观课、评课和赛课等各个环节，加深了对专业观课评课的理解，提升了专业观课评课技能，在一定程度上促进了参研教师的专业发展与成长。

# 第三节　研　修　效　果

## 一、线上教研，促进优质资源共享

借助全景学习平台直播交互功能开展线上研课磨课教研活动，达到优质资源共享，打破时间和空间界限，降低活动成本。整合教育部"国培计划"和"信息技术支持下的区域教研模式研究及试点"项目资源，实施教师全员网络教研。按照以校为本、整体推进、课堂改革、服务大局的原则，提升乡村教师课堂教学能力，破解教学难题与教育短板，配合推进专递同步教学、网络学习空间人人通、提高教学常规管理水平等重点工作实施。

## 二、线上线下送教，促进教师成长

全县组建 8 个团队，遴选 38 位学科骨干。全县开展线上与线下混合教研活动 89 场，专题讲座 8 场，参与教师达 5000 余人次，平均每人至少参加 2 场集体教研活动，有效促进了城乡教师交流，激发了教师参与推进教育教学改革的内生动力。

## 三、利用直播等先进教育技术手段优化教学

低成本、草根式的手机直播方式，为常态化的学校教学案例实时展示提供了条件，直播内容覆盖义务教育阶段全年级、全学段、全学科的教学课堂，有力缓解了全县 38 个教学点师资不足的问题，促进了教学点教师备授课等教学常规工作，使全县 76 个村小和教学点里占全县小学生 47% 的孩子享受到了同乡镇中心和县城一样的师资力量，真正实现了优质资源的有效共享。

第十六章

# 全景学习平台支持的教育教学质量提升
## 活动实践①

---

① 作者：赵丹，云南省沧源佤族自治县教育体育局教研室主任；罗正荣，云南省沧源佤族自治县勐董中学副校长。

# 第一节 研修背景

随着教育均衡发展和优质资源共享的不断推进，区域教师专业能力的均衡发展成为实现教育公平的有效途径。目前沧源县县域教育质量与当前加快推进教育现代化、发展公平而有质量的教育的要求还不相适应，从实施乡村振兴战略提高人口素质来看，全县教育质量提升面临艰巨任务，如何实现优质教学资源互通共享，促进全县教师教学能力提升是本案例的核心。

2018 年 10 月，在中央电化教育馆的协调下，华南师范大学到云南省临沧市沧源县开展了"手机直播"培训和指导，帮助建立沧源县县级教育资源库，使沧源县的课堂直播得以常态化开展，有效提升了课堂直播效率，同时积累了大量课堂实录资源。同时当地阿佤山初中物理教学工作坊在中央电化教育馆和华南师范大学以及北京国发天元信息技术有限公司的大力支持下，创建了教育手机云，开展了全景学习平台学习，以低成本、草根式的应用快速实现了专递课堂覆盖全部校点，打造了区域校本教研、教学点开齐开足国家规定课程的沧源模式。通过"电子平台网络桥"，点亮了大山里孩子的童年；改变了传统的一支粉笔一块黑板的呆板教法；通过团队协作，集体备课，教研组审核，教育局随机点课，听课评课等环节后，实现了最大范围的优质资源共享，以促进教育均衡发展；挖掘了教师队伍的内部动力，提升了全县教师的教学技能，推出了一批名师，提高了教学效率，还减少了送教下乡的艰辛和费用；开拓出了一条城乡结合、线上线下结合、骨干专家示范引领的同侪研修之路。

# 第二节 研修流程

本研修项目以提升全县教育教学质量为目标，依托全景学习平台进行线上线下相结合的区域内同侪研修，分为网络同侪研修和线下研讨研修两部分，通过创设同校教师和不同学校教师之间开放、交互的教研环境，形成了提出问题、集中研讨、网络展示示范一体的区域教师发展模式和团队带动、骨干引领推进学习模式。整个研修团队由 30 个校点的 55 名主讲教师构成，针对全县 12 所中学九年级

2052 名学生的七个科目，八年级 1695 名学生的两个科目，小学六年级 1917 名学生的三个科目，开展全景直播教学。截止到 2020 年 6 月，课题组已经开展了 54 次同侪研修活动，取得了较突出的成果。

　　课题组基于区域内如何提升教学质量分为 12 个子课题开展研修：初中语文、初中数学、初中英语、初中道德与法治、初中物理、初中化学、初中历史、初中生物、初中地理、小学语文、小学数学、小学科学。这 12 个子课题均采用优质教师引领青年教师的方式，实施过程中严格按照"双师教学"模式开展。

　　在研修过程中，课题组主要采用了全景学习平台办公和教育手机云，同时也建立了专业研修微信群、QQ 群，让分散在不同学校的教师通过网络进行常态化学习、精准教研，聚力打造区域研修特色。以初中物理同侪研修活动为例，结合"确定研修主题、开展主题讨论、实施课堂观察与诊断"三个要点，重点探究同侪研修活动的实施。现以初中物理开展同侪研修活动为例。

## 一、研修对象

　　研修共同体主要包括主讲教师团队和青年教师团队，其中主讲教师 4 人，青年教师 20 人。研修的目标是：通过开展研修活动，促使骨干教师教学能力进一步提升，青年教师通过观摩学习使把握学科重难点能力、驾驭课堂能力得到迅速提升，优质教师资源通过平台分享，为全县教学质量提升提供有力支撑（图 16-1、图 16-2）。

图 16-1　全景学习平台支持下的同侪研修安排部署及交流会

图 16-2　平台使用和推广的县级和校级情况

## 二、研修环境

研修活动主要在配备录播设备的教室进行。这些教室是在教育部援滇扶贫机制下，中央电化教育馆协调北京国发天元信息技术有限公司为沧源县所援建，其主要功能是培训在职教师，提供云平台服务。

## 三、研修活动实施过程

研修流程包括九个环节：①遴选名师创建协作团队；②集体备课确定专题、讲师；③团队审核讲义、打磨课堂；④上传全景学习平台教学课程表；⑤发放讲义、学案、课后作业；⑥听课端时间调控、管理学生；⑦利用全景学习平台上课，全县 12 所中学、45 个九年级教学班、1800 人同时听课；⑧专业教师听课、评课、议课；⑨工作坊收集意见，形成优质教学、学习资料。

## 四、研修活动评价

研修活动评价方法主要包括平台足迹分析、课堂数据分析、量表分析及效果总结等。将近 2 个月的时间里，全县九年级毕业班共开展了 41 节直播教学课，全县小学六年级毕业班共开展了 13 节直播教学课（图 16-3）。通过教育供给侧改革，调动全县优质师资开展同侪研修互动，带动了全县各毕业班教师的复习课教学能力提升，同时有效提高了中小学毕业备考复习的效果。据九年级中考学业水平考试成绩分析，2019 年全县九年级 7 门中考科目总平均分较 2018 年提高了 14 分，2019 年全县六年级 4 门统考科目总平均分较 2018 年提高了 24 分。2019 年 6 月 1 日，新华社报道了沧源开展的全景直播教学。

图 16-3　物理直播教学课

# 第三节　研　修　效　果

## 一、实施网络教研全覆盖，激发教师队伍内生动力

整合教育部"国培计划"和"信息技术支持下的区域教研模式研究及试点"项目资源，实施教师全员网络教研。①按照以校为本、整体推进、课堂改革、服务大局的原则，提升乡村教师课堂教学能力，破解教学难题与教育短板，配合推进专递同步教学、网络学习空间人人通、提高教学常规管理等重点工作实施。②深化培训模式改革，重构教研体系，分学科组建送教下乡培训团队，分层分类分科分段组建教师教研共同体和结对帮扶联校教研共同体，以课例研修和同侪研修两种方式为载体，开展全员培训及送教下乡。

## 二、扩大优质教育资源共享

临沧市沧源县积极发展"互联网+教育"专递同步教学，解决了村小教学点师资不足，开不齐国家课程的突出问题，在全县所有毕业班开展复习课同步教学，探索了教育供给侧改革，扩大优质教育资源共享。

第十七章

# 直录播平台支持的跨学校同侪研修实践[①]

---

① 作者：曾熊，男，贵州省遵义市务川仡佬族苗族自治县实验学校（第一小学）校长。

# 第一节　研　修　背　景

近年来，随着 5G 技术、"互联网+"的发展，教育信息化在全国各级各类学校发展迅速。同时，教育部在 2018 年发布了《教育信息化 2.0 行动计划》，教育信息化工作正经历新一轮质的改变和跨越。新时代赋予教育信息化新的使命，带动教育信息化从 1.0 时代进入 2.0 时代。虽然教育信息化之路在 1.0 时代已取得显著进步和丰硕成果，但同时也面临着一些实际问题，如：观念落后，认识片面；教育资源建设跟不上硬软件更新；资源利用率较低；师资缺乏，研究水平不高；现代信息技术与学科教学（课程）的整合水平不高；区域发展不均衡；区域间缺乏系统的规划管理和健全的保障体系等。遵义市务川仡佬族苗族自治县（简称务川县）地处贵州省北部，与重庆市接壤，由于地处省际边陲，交通相对不便，信息不畅，导致教育发展滞后，为此，在务川县这个古老的少数民族地区利用教育信息化推动当地教育教学发展已刻不容缓。

为引领推动教育信息化在遵义市务川县教育领域从 1.0 时代进入 2.0 时代，根据教育部—中国移动科研基金"信息技术支持下的区域教研模式研究及试点"项目中"直播课堂支持下的同侪研修"的指导理念，结合务川县区域教育信息化发展中有硬件而教师运用有困难的现状，课题组提出了"直录播平台支持下的跨学校同侪研修模式"，组织务川县实验学校（第一小学）、丰乐镇中心完全小学、涪洋镇中心完全小学三所学校构建城乡同步课堂，探索直录播平台支持下的异校同步、同侪互助教研活动的常态化运行。

# 第二节　研　修　流　程

直录播平台支持下的跨学校同侪研修与实践团队由 8 名教师组成，其中贵州省遵义市务川县实验学校（第一小学）4 名，务川县丰乐镇中心完全小学 1 名、务川县涪洋镇中心完全小学 3 名。来自县实验学校（第一小学）的主持人及其他 3 名教师，均为市、县级骨干教师，在本次研修中担当主讲教师，负责引领跨校的课堂教学研修模式。而两乡镇中心完全小学的教师作为研修教师，通过网络参与课堂教学研讨活动，是在主讲教师组织课堂教学的过程中观察课堂中学生的问题提出、问题思考、问题解决，同时增强对同侪研修课堂模式的深入认识。

本研修课题以推动学校市级智慧校园建设，加快现代教育发展步伐，使"班班通"、全自动直录播教室的开通使用，为区域网络教研提供技术支持为目标，主要依托学校现有的直录播教室为研修平台进行线上线下相结合的跨区域、跨学校、跨学科的课堂教学研修，主要分为"准备—观摩—实践—研讨—反思"5个阶段，研修流程如图 17-1 所示。

| ● 准备阶段 | ● 观摩阶段 | ● 实践阶段 | ● 研讨阶段 | ● 反思阶段 |
|---|---|---|---|---|
| 确定研修主题，拟订研修方案 | 主讲教师引领，研修教师观摩 | 开展备课指导，双师课堂实践 | 研讨课题问题，解决跨校跨学科难点 | 修改教学案例，综合反思意见 |

图 17-1　研修流程图

## 一、同侪研修协同备课

直播课堂支持下的同侪研修的实践研究，教材分析及知识点的协同备课是重中之重。为此，本课题组以协同备课进行教学设计。在进行协同备课前，首先要明确所备课题对应新课标的教学理念、要达成的三维教学目标以及所实施的教学策略、教学方法创新及重点突破等，然后再开展协同备课，对教学设计中的共性问题通过研讨形成统一的研讨意见（图 17-2）。

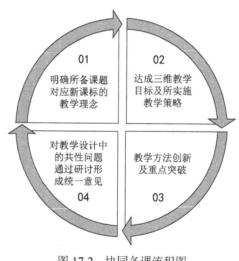

图 17-2　协同备课流程图

【案例】同侪研修下的协同备课五年级数学"分数的基本性质"第一课时。

**第一，确定本次集体备课要解决的主要问题。**

问题一：每次的小组合作活动时间如何划分？

问题二：如何提高每次的小组合作学习的有效性？

**第二，分次备课，进阶打磨。**

第一次备课：组内教师个人初备。

第二次备课：根据第一次的备课情况，课题组在同侪研修模式的要求下对"分数的基本性质"在"合作交流，探究新知"环节开展研讨，确定通过三次小组活动进行，旨在解决学生的"小组合作学习"的有效性问题。

第三次备课：综合前两次研究的备课结果，将个人智慧和同侪研修团队的智慧相融合，形成最终的教学设计，以备后期实施。

【体会】通过协同备课，教师对新课标中提倡的合作探究的学习方式有了新的认识。在备课过程中，绝大部分教师基本上都按照要求在进行正式的教学设计前进行相关查阅，第二次、第三次备课时均能对第一次的备课提出不同意见，对文档加以批注、协同修改、评论，研修成员均以共同进步的心态来阅读和修改教学设计。协同备课的目的已经不仅是共同设计出一节好课，更希望大家借助参与教学设计的修改，能够举一反三，分享出各个常见环节（情境创设、发现问题、解决问题、巩固练习、拓展延伸等）的教学经验，讨论、解决大家教学中的困惑和问题。

## 二、同侪研修下的网络资源查找

直播课堂支持下的同侪研修是在网络环境下开展的研修，当然离不开对网络资源的运用。往往在开展协同备课、课件制作等过程中，搜索网络资源是实现课题研修的必备技能。同时，网络环境下学生处于一种新的学习环境，可以不受时间、空间的限制自由选择自己想学的内容，实现多元化、多层次的自我发展，网络环境下的学习呈现出便捷性、交互性和超时空性等优势。探索网络环境下的学习模式，对提高教学效率，实施创新教育有着重要意义。因此，构建网络环境下的教学环境，是本课题组开展研究的有效方法。

【案例】在教学三年级数学"统计"一课时，利用了远程教育资源中的一个Flash课件，包括快乐学堂、生活应用（包含音乐情境）、快乐岛、练习区（包含简单的英语对话练习情境）等内容。教师可以先让学生在快乐学堂中学习有关统计知识，然后在练习区中练习有关统计知识，在生活应用中应用有关统计知识，最后在快乐岛中畅游。学生在愉快的氛围中享受学习的乐趣，激发了学生对数学的热爱，提高了学生学习数学的积极性。利用现代远程教育资源出示有趣味性、层次性、针对性的练习，让学生在轻松、愉快的氛围中巩固、总结新知识。

【体会】利用网络教育资源，创设教学情境，激发学习兴趣。网络资源往往集图、文、音、像于一体，动静结合，化静为动，具有生动形象的多种表现形式，本案例中出示的音乐情境、英语对话情境也恰到好处地整合了学科知识，使得原本抽象的数学思维课堂教学变得生活化，让学生能感受到数学也是生活的一部分。

## 三、同侪研修下的课堂管理

跨学校同侪研修依托直录播平台，通过跨校、跨班线上研讨与面对面线下研讨相结合，进行同堂师生互动、异校异班师生互动、学生作点评、课堂预设等课堂教学活动，以实现课堂多元管理，校际教研资源互联互通。

【案例】在教学"相遇应用题"时，由于校际教学的差异性、学生认识结构的差异性，一些乡村学生不理解什么是相对而行、什么是相遇问题。于是，主课堂的教师通过直播课堂对异校学生进行针对性的提问，并出示"一段路程，表示两地的距离，随后在路的两端走出两个小同学"的课件。提问："大家想不想知道甲、乙两同学是怎样会合的？让我们来点按鼠标吧！"屏幕上的两个同学就以不同的速度面对面地行走起来，经过 4 分钟，两人在同一地点相遇。通过画面的动态演示，学生理解了"相向""相遇"，领悟到了求路程的一般方法，即"甲的速度×时间+乙的速度×时间＝路程"。我们看到了两所学校学生探究性学习的过程。

【体会】直播课堂支持下的同侪研修在直播互动中开展"互话、互学、实践、互研、互思"教研活动，有效推进了区域内外学科教学互动，促进了教育公平。

## 四、同侪研修下的课后评价

直播课堂支持下的同侪研修的课后评价，既要对学生的学习进行评估，又要对教师运用直播课堂组织教学的情况进行评价。

【案例 1】"认识时间"教学中，授课教师运用了课件中的很多情景图：有上学图、放学图，图左边有钟表，上面是具体时间；还有星期天活动图，几点起床，几点吃早饭，出去玩的时间，回家的时间，吃午饭、看电视的时间等。同时，将智课系统应用于教学进行人工智能评价。

【案例 2】根据研修流程图，课题组开展 5 次较为完整的研修，采用协同备课、异地异校同步上课、异地异校同步听课及课堂教学评价等，取得了较好的成果。

【体会】这一系列情景的创设，都联系了学生的生活实际，使学生运用学习到的知识，准确地说出每件事情的时间，学生在应用中学会了本节课的所有知识。通过智能评估，客观的课堂数据为教师研修打造了一面"镜子"，帮助教师自身和教师之间更科学地进行教学反思，提升教师的信息化教学能力，实现精准教研。

## 第三节　研修效果

同侪研修是教师研修的一种方式，是教师专业成长的重要途径，是提高课堂教学效果的有效手段。从整个研修过程来看，研修教师们通过备课前查阅资料、对照课标、分析教材、分析学生，利用现有的教育资源开展共同研究，研修效果明显，具体体现在三方面：①促进了教师主动查阅、主动对标、主动分析习惯的养成，提高了教师专业素养；②搭建了异地异校间教师交流、合作、相互学习的平台，提高了教师的合作意识；③充分利用现有的教育信息化资源，推动了课堂教学改革进度。

## 致　谢

感谢贵州省遵义市务川县区域同侪研修团队成员的积极参与，他们是：务川县实验学校（第一小学）邹小飞、覃义波、夏云艳等3位老师；丰乐镇中心完全小学马菁老师；涪洋镇中心完全小学吴忠飞、赵远梅、廖习芬等3位老师。

第十八章

# 直录播平台支持的跨学科同侪研修实践[①]

———————————
① 作者：黄飞，女，贵州省遵义市务川县黄都镇中心完全小学数学教师；付中槐，男，贵州省遵义市务川县涪洋镇中心完全小学校长。

# 第一节　研　修　背　景

在"互联网+"背景下，信息技术已经打破时空限制，随时随地随处可以学习。在农村师资力量薄弱的情况下，为了推进区域教育均衡发展，根据教育部——中国移动科研基金项目"信息技术支持下的区域教研模式研究及试点"的要求，研修团队按照上级领导部门的部署，以"贵州务川付中槐团队同侪研修实施计划"为指导，开展直录播平台支持下的跨学科同侪研修实践，旨在不断提高教师的信息技术水平、教育教学理论水平和教学设计能力，增强知识更新能力和教育教学能力，不断提高教师的综合素质。直录播平台支持下的跨学科同侪研修实践有其必要性和重要意义。现代科学发展越来越呈现综合化的趋势，无论是自然科学还是人文科学，各学科之间往往相互渗透。而新课程改革强调，开展学科整合教学是现代教师与学生共同成长的重中之重，教师如能通过教学内容、教学策略、教学方法、教学评价的重构，跨学校、跨学科整合教学，会大大提高课堂效率，也能加快教师专业化发展。

近年来，教育主管部门围绕国家提出的"三通两平台"目标任务，充分争取各级政府、教育内部与社会各界等多方力量支持，遵义市务川县已全面实现宽带网络"校校通"、交互式多媒体教学终端"班班通"，乡镇中心完全小学以上学校还装配有录播教室和录播平台。而问题的关键是如何进行跨学科资源共享，在务川县的乡镇及农村学校，教师严重不足，特别是语文、数学、英语等科目都不能专业匹配，更不用说艺术、体育学科，这就急需教师的转型——成为综合型教师。同侪研修可以很好地解决这一问题，更能解决农村师资失衡问题，特别是学科专业教师欠缺和学科匹配不平衡问题。所以涪洋镇中心完全小学与黄都镇中心完全小学组建跨学科教师研修团队，着力解决现存问题。本次同侪研修力图弥补农村学校间的师资差异，促进教师转变教学模式，优化课堂教学，促进教师专业成长，提升教师信息技术应用能力和课堂驾驭能力，进而提高教学质量。

# 第二节　研　修　流　程

贵州省务川县付中槐同侪研修团队共 9 名教师，主要由涪洋镇中心完全小学

5 名教师和黄都镇中心完全小学 4 名教师组成，通过构建优秀教师、优质课堂"一对多"教学模式，以信息化促进教育化，实现区域教育质量共同提高。根据线上线下研修活动，以"个人设计—集体听评整合—实践—反思改进"的流程推进研修活动（图 18-1），促使教师进行个人专研并借助网络研修平台实现资源共享、同伴互助、共同成长。

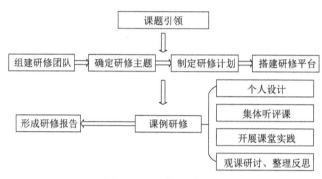

图 18-1　研修活动流程

## 一、组建研修团队，明确研修任务

研修成员来自两个学校。研修团队在主持人付中槐校长的组织下，加入遵义市务川县区域研修试点 QQ 群，并以"付中槐团队+黄飞+黄都镇中心完小"命名。同时，教师们完善线上注册，登录区域研修平台，加入本次研修活动课堂，组建了研修团队。团队成员在主持人付中槐校长的带领下，开展第一次研修活动，研读《教育部—中国移动科研基金"信息技术支持下的区域教研模式研究及试点"项目试点工作方案》，通过学习确立了团队研修主题与目标，讨论同侪研修实施计划，认真学习县课题组下发的文件、公告精神，确定每个研修成员相应的研修任务。

## 二、案例展示，集体研讨

团队全体成员在涪洋镇中心完全小学多媒体办公室召开主题专会，主持人总结了准备阶段开展的工作，讨论确定各个阶段研修的主题，团队成员就自己对课题的理解提出了建设性的看法和建议。在涪洋镇中心完全小学录播室听取了成员李素娟老师执教的《青蛙卖泥塘》和陈永科老师执教的《落日》后，团队成员都积极参与，针对课堂中的亮点与不足提出了各自的观点；还充分运用该校的信息技术资源，让电子白板发挥了作用，为后续课堂实践做准备。

## 三、课堂实践，集体打磨

在案例展示、集体研讨之后，研修团队成员以黄飞老师为个案开始课堂实践、集体打磨。黄飞老师执教美术课"弯弯的小路"，由于对相关美术知识了解不全面，在第一次授课过程中，她通过资料查找进行了个人初次备课上课（图18-2）。

图18-2　黄飞老师第一次执教"弯弯的小路"展示

紧接着在湖南省株洲市荷塘区组织开展的直播交流会——"信息技术支持下的区域教研模式研究及试点项目经验交流会"后，团队负责人组织团队成员进行经验交流，谈谈自己的收获。新学期伊始，团队通过讨论，决定以黄飞老师执教的课例——浙美版五年级下册第九课"弯弯的小路"为内容进行再教学设计和打磨（图18-3）。

图18-3　黄都镇中心完全小学集体研讨确定展示课例

通过参与展评课活动，来自不同科目的研修团队成员展示了不同的风采，这是一次精神的洗礼、灵魂的升华，大家收获满满，黄飞老师也通过此次系列活动将"弯弯的小路"进行了三次打磨实践（图18-4）。师生共同发现、探究，充分发挥了互联网等数字化教学手段优化美术课堂教学的作用，有效提高了教学实效，增强了课堂教学的愉悦性、趣味性，增强了学生学习的自主性，充分体现了学生学习的主体性与差异性，以及多学科的有效整合，实现了各学科相关知识的关联与重构，让整节课干货满满。

图 18-4　第三次执教"弯弯的小路"

# 第三节　研 修 效 果

在新课程改革不断深入，信息技术日新月异的情况下，教师如何有智慧地精心选择教学内容进行设计、不断提高自身的专业素养，从而加速教师自身专业化发展，达到教学资源共享，提高学生素质是本案例研修亟待解决的问题。通过学习研究，研修教师理解了学科整合的含义，学科整合就是将两种学科或两种以上学科，融合在一堂课中进行教学，对教师、学生、教学本身都提出了更高的综合性要求。这种要求并非面向知识，而是强调把知识作为一种工具、媒介和方法融入教学的各个层面，培养学生的学习观念、提升综合实践能力。这大大提高了教学质量，需要教研部门和学科教师努力共同实施来完成。

在研修过程中，区域性的同侪研修呈现出了以下显著的特点和优势。

## 一、研修形式多样化

研修过程中，既有线上研修也有线下研修，既有群体研修也有个体研修，既有专家引领也有名师指导，比如，张妮专家介绍什么是同侪研修，高方银站长对设备的调试，进行技术支持，这些软硬条件是研修的动力支撑。

研修以提高教学质量为前提，扎扎实实开展活动，积极回应了外部环境与教师自己的内在发展需求。

## 二、协同研修与资源共享

本次区域同侪研修是线上线下任务驱动、以教学设计与教学实践为重点，分阶段实现每一项任务，促进了优质教学资源的共享。无论是个人设计、集体研讨，还是直播实践，两校教师都在为打造高效课堂而努力。

## 三、充分利用现代信息技术

同侪研修缩小了地域差异，延长了研修时效，通过网络学习参与活动，教师们随时随地都可以反复交流、学习、获取所需要的资源，在不断学习的同时进行反思实践，使教师很好地从实践型向反思型过渡，成长为研究型教师。

## 致　　谢

感谢贵州省遵义市务川县区域同侪研修团队成员的积极参与，他们是：涪洋镇中心完全小学付中槐、徐琴、李素娟、龚真建、陈永科等 5 位老师；黄都镇中心完全小学刘平、李康美、钱学等 3 位老师。

# 第十九章

# 信息技术支持的同侪研修活动设计及应用

## ——以"探究初中物理实验教学设计及应用"同侪研修为例[①]

① 作者：田孟菊，女，贵州省松桃苗族自治县民族寄宿制中学物理教师，中学二级教师；欧阳宇，男，贵州省松桃苗族自治县盘信镇民族中学教师，中学二级教师。

# 第一节　研　修　背　景

"互联网+"时代，教师区域研修正面临着信息技术的冲击。贵州省松桃县通过中央电化教育馆遴选，成为教育部—中国移动科研基金"信息技术支持下的区域教研模式研究及试点"项目的全国 35 个试点区之一。试点县虽早已实现网络校校通、班班通，大多数教师研修活动却仍然采用线下互动模式，存在着集中难、共享难、复现难的问题，在信息技术支持背景下，区域研修必将成为教师专业发展的有效利器。贵州省电化教育馆将试点项目作为推进贵州省教育信息化 2.0 时代信息技术支持教育帮扶的重要内容，缩小城乡教师信息技术应用能力差距，促进教育均衡发展。2019 年 3 月至 2020 年 11 月，试点项目物理组所有组员携手合作，相互交流，积极探索区域研修新路径。田孟菊作为同侪物理研修组组长，牵头组建了"探究初中物理实验教学设计及应用"研修团队，积极开展教学案例研讨、课堂观察分析等区域研修活动，希望能以一带多。同侪物理研修组围绕 4 个教学课例，探索基于信息技术支持的同侪研修模式，依托录播系统学习平台，研修组成员将在线网络学习、研讨和线下面对面教学高度结合，借助手机随时开展研修活动，以期促进教师专业发展和优质教学资源的有效共享。

# 第二节　研　修　流　程

同侪物理研修组以"探究初中物理实验教学设计及应用"为主题，开展教师区域研修，由当地教育局、教研室以及 6 所学校的 11 名教师共同构成区域研修共同体，其中 1 名学科教研专家、10 名初中物理学科教师，整个团队梯队结构合理。

本研修项目以提升初中物理教师信息化教学设计及应用能力为目标，依托城域网（MAN），利用录播平台进行线上观摩、线下评课议课相结合的跨学校区域同侪研修。通过创设不同教师群体之间开放、交互的教研环境，形成融教研、科研、培训于一体的同侪区域教师研修模式，以"行动—反思—交流提升—再行动"

的螺旋推进学习模式为基础，在典型课例研修和具体教学情境中按照"三轮三段九环"的流程（图19-1）实施。

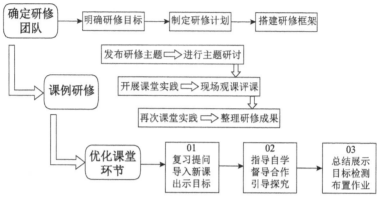

图 19-1　同侪教师研修"三轮三段九环"流程图

在研修过程中，课题组主要依托"城域网网络观课+视频会议系统"，同时也建立了专业研修微信群、QQ群，让分散在不同区域的教师通过网络进行常态化学习、精准教研，聚力打造区域同侪研修特色。以2019年10月的"探究电流与电压和电阻的关系"为例，结合"确定研修主题、开展主题讨论、实施课堂观察与诊断"三个要点重点探究课例研修实施。

# 一、第一阶段

## （一）确定研修主题

结合本次研修教师的"信息技术应用"的整体水平和个体差异，以及初中物理学科在实验教学上的重要性和难度，在充分调查与讨论后，提炼出2个有价值的研修问题：①信息技术支持下的研修前提；②如何恰当选择实验课教学内容进行有效教学。

## （二）围绕主题，个人初备

这一阶段主要以教师个人的主动探索为主，以此提高教师课程学习的适应性。以2019年10月的研修为例，课题组老师认为初中物理实验教学的重点是实验操作注意事项、实验过程中测量工具的使用，以及实验结论的归纳总结，确定了"初中物理教学实验教学"的研究主题，研修小组成员分别开展了第一轮教学活动。

## （三）集体备课、讨论，研究修改教学设计

开展主题讨论是研修活动第一轮必不可少的环节，整理、归纳主题讨论内容，据此完善教学设计。如"探究电流与电压和电阻的关系"整合课例第一次讨论，观课教师主要围绕实验教学目标的确立、教学内容的取舍及教学方法选用三个方面展开。

梳理这些要点及建议，执教者深入钻研教材，在准确把握学情的基础上，设计出具有发展性和可操作性的实验教学目标。如第二稿（表19-1）中的过程与方法目标是教师引导学生通过课前微课，知道实验过程中应该注意的相关事项，再掌握相关仪器的使用规范，其中的"知道""掌握"相比较第一稿的"熟悉""尝试"是可测量和观察的，能较好地培养学生的动手操作能力和运用知识的能力。

表 19-1　两次教学目标对比

| 初备 | a.熟悉本节探究实验所用的方法，尝试设计实验；b.连接实验电路，观察、收集实验数据 |
| 二备 | a.知道实验原理，会设计并画出实验电路图；b.掌握采用图像法分析实验数据的能力 |

# 二、第二阶段

## （一）教学实践，现场诊断

在"三轮三段九环"研修流程中，开展教学实践是核心，主要采用"观课+评课"的形式进行。在具体案例研修的过程中，同侪物理研修组经过长期教学实践，从教学目标达成度、学生合作探究、学生总结展示三个维度进行观察，制定了指向明确、行之有效的观察量表。其中对教学目标达成度的诊断，主要是观察课堂各个环节中师生的活动情况，教师如何采用各种教学手段及方法实现预设的教学目标，使用教学目标达成度量化记录表（表19-2），最后给出观察者的分析与建议。

表 19-2　教学目标达成度量化记录表

| 课题： | | 执教教师： | | | | 记录人： |
|---|---|---|---|---|---|---|
| 教学实录 | | 目标达成效果 | | | | 分析建议 |
| 教学环节 | 教学过程 | 目标1 | 目标2 | 目标3 | 目标4 | |
| 环节一 | | | | | | |
| 环节二 | | | | | | |
| …… | | | | | | |

学生合作探究的能力是初中物理重点培养的一项能力目标,为了提高学生合作探究的能力,精准研究学生合作探究是否能促进学生的学习与发展,在研修过程中,同侪物理研修组反复修改观察量表,最终确定从学生实验参与度、学生实验操作熟练程度(表19-3)和学生实验报告单三个方面进行观察,增强观察的针对性。

**表 19-3　学生实验参与度、操作熟练程度观察量表**

| 实验组别 | 参与度观察<br>(记录组员分工协作、交流讨论情况,10 分制) | 操作熟练程度观察<br>(记录实验过程中出现的问题,10 分制) | 分析、建议 |
|---|---|---|---|
| 1 | | | |
| 2 | | | |
| …… | | | |

## (二)研修组充分讨论,修改完善教学设计

经过第一次的观课评课,执教教师的反思性备课在本轮中显得特别重要。为打磨优秀课例,研修组全体教师集思广益,围绕"教学设计亮点"和"能继续改进的地方"进行第二次线上讨论,既对课堂中某些重要的问题深入讨论,也提出一些问题请大家讨论,找出对策。本轮研修,研修组老师带着问题诊断的态度对初次自主备课的教案进行分析,关注教师对教材的整体把握和理解,能否在学情的基础上找准核心教学价值,然后精选合适的教学内容。

# 三、第三阶段

## (一)拟定教学设计,上课观课

执教者吸收前面两轮的建议,采用优化后的教学设计再次进行课堂教学。在此轮展示中,评课小组继续使用观察量表评课,并将统计的数据与第二轮的进行比较,看看哪些地方有提高,哪些地方还存在问题,再提出今后改进的设想。"探究电流与电压和电阻的关系"课例研修中第二次听课部分记录如表19-4。

**表 19-4　"探究电流与电压和电阻的关系"第二次评课部分数据**

| 课题 | 探究电流与电压和电阻的关系 | 执教人 | 欧阳宇<br>(盘信镇民族中学) | 记录人 | 吴广胜 |
|---|---|---|---|---|---|
| 时间分配 | 教师活动:10 分钟<br>师生互动:15 分钟<br>学生活动:20 分钟 | 教师提问 | 共 10 个问题<br>8 个有效问题(学生反馈)<br>2 个无效问题 | 学生回答、总结、汇报 | 回答 8 个问题<br>总结汇报 4 次 |

续表

| 课题 | 探究电流与电压和电阻的关系 | 执教人 | 欧阳宇<br>(盘信镇民族中学) | 记录人 | 吴广胜 |
|------|------|------|------|------|------|

**总结和建议：** 综合数据可以看出，教师在教学时间分配环节上充分体现了学生为主体的新课程教学理念，而在提问的设置上还存在问题设置过早、过难等问题，导致 2 个无效问题的提出，影响了课堂教学的连贯性，而在学生展示环节，充分培养了学生的自主探究、合作探究能力，为教学目标的达成提供了坚实的支撑。建议：①在问题设置过程中，充分考虑学生的认知水平，采用渐进式问题设置模式；②在学生汇报环节，适时做出"表扬、肯定""复述""提示""评价"等引导

## （二）交流反思，以评促改

在第三轮交流中，参与教师主要探讨两方面的问题：①探讨本次教学、教研中出现的问题；②将两次活动进行比较，讨论前面两轮中没有解决的问题。在三轮研修后，团队教师对该研修模式有了深层次的了解，并分享交流了本次研修活动的心得体会，例如平头中学王爱玲老师在总结中说道："在活动开始之前，并不了解什么是同侪研修，通过查找资料和网上学习，我感受到了信息技术在课堂教学中的重要性和必然性，这是一个信息化快速发展的时代，如何让信息技术走进课堂是一个值得我们所有老师思考的问题。在这之前，我只能用多媒体设备来播放 PPT，偶尔会插入一些视频，来帮助学生理解知识，但是还没有认识到信息技术对课堂教学的重要性。在物理这门学科当中，有许多知识比较抽象，这就让老师的教学变得比较困难，因为只靠语言的描述有时候不够清晰透彻，学生也不容易理解，这时候如果能够直观地让学生看到就会容易理解很多，这就需要我们的老师能够熟练地使用信息技术来让我们的课堂变得简单明了。所以掌握信息技术并能够熟练地使用它是至关重要的。它可以简化我们的课堂，让学生的学习变得轻松易懂。"

三轮研修活动为所有参研的物理教师提供了很好的交流学习机会，教师们进一步认识到信息技术对物理课堂教学的重要性。通过此次同侪研修活动，参研教师不仅掌握了观课评估的相关技能，而且在一定程度上提升了信息技术与物理课程整合的质量。

# 第三节 研 修 效 果

## 一、教师教学方式的转变

研修过程求真务实、注重实效。课题引领下的研修主题来自教师真实的发展

需求，能促进教师间的相互交流，通过三轮深入的任务驱动式研修活动，不同层次的教师都有所成长。在教学过程中，教师的教学观念有所转变，将培训时所学的知识技能运用于教学实践，改变了学生的学习方式和教师的教学方式。

## 二、坚持协同备课和优质资源共享

本次区域同侪研修以线上线下混合教研和课程资源建设为抓手，通过阶段性的活动开展，有助于汇聚研修智慧，促进优质课堂和优质资源的生成。无论是在集体备课环节，还是在课堂同步分享部分，不同学校的老师实时发布自己的看法、提出自己的疑惑，为打造优质课堂而努力。

## 三、充分利用现代教育信息技术

网络研修完善了共建共享机制，它的跨时空交流性打破了区际、校际等地域壁垒，实现了多主体参与，提高了教研效率，降低了学习成本。研修中只要是城域网支持下的学校的教师就可以参与交流、学习，使研修过程变得更加具有智慧和活力。

# 致　　谢

感谢贵州省松桃县区域同侪研修团队成员的积极参与，他们是：松桃苗族自治县教育局副局长杨帆老师；松桃苗族自治县教研室主任郭永渊和副主任吴广胜老师；松桃苗族自治县现代教育技术及装备中心教研员蒙黎老师；松桃苗族自治县民族寄宿制中学何帝君老师；松桃苗族自治县盘信镇民族中学欧阳宇和高国东老师；松桃苗族自治县平头镇中学王爱玲和陈贤聪老师；松桃苗族自治县普觉镇中学曹文科和张猛老师；松桃苗族自治县孟溪中学喻国锐和彭远华老师。